应用型教育数智化财会专业“十四五”系列教材
校企合作精品教材

U0828929

金融科技概论

主　编　李鸿雁　萧涵月　李　琳
副主编　孙　颖　张　爽　邓钦文　侯爱华

華中科技大學出版社
http://press.hust.edu.cn
中国·武汉

图书在版编目（CIP）数据

金融科技概论 / 李鸿雁，萧涵月，李琳主编. —武汉：华中科技大学出版社，2023.7
ISBN 978-7-5680-9844-1

Ⅰ. ①金… Ⅱ. ①李… ②萧… ③李… Ⅲ. ①金融－科学技术－基本知识 Ⅳ. ① F830

中国国家版本馆 CIP 数据核字（2023）第 137849 号

金融科技概论
Jinrong Keji Gailun

李鸿雁 萧涵月 李琳 主编

策划编辑：聂亚文
责任编辑：郭星星
封面设计：孢 子
责任监印：朱 玢
出版发行：华中科技大学出版社（中国 · 武汉） 电话：（027）81321913
武汉市东湖新技术开发区华工科技园 邮编：430223
录 排：武汉创易图文工作室
印 刷：武汉科源印刷设计有限公司
开 本：787 mm × 1092 mm 1/16
印 张：8.75
字 数：221 千字
版 次：2023 年 7 月第 1 版第 1 次印刷
定 价：42.00 元

华中出版

本书若有印装质量问题，请向出版社营销中心调换
全国免费服务热线：400-6679-118 竭诚为您服务

前言

金融科技利用各类科技手段创新传统金融行业所提供的产品和服务，能有效提升效率并降低运营成本。金融科技的应用是基于大数据、云计算、人工智能、区块链等一系列创新技术，全面应用于支付清算、借贷融资、财富管理、零售银行、保险、交易结算等六大金融领域，是金融业未来发展的主流趋势。

面对金融科技快速发展的新环境和新要求，我们亟须培养理解和掌握金融科技知识与技能的应用型人才，为建设创新型国家提供人才支持。金融科技催生一系列的新业务和新应用，这些新业务和新应用对金融从业人员提出了新的要求和挑战。本书定位于高职财经商贸大类专业，旨在帮助学生锻炼金融科技应用能力，提高学生岗位适应能力。

在写作过程中，本书力求体现以下几方面特色：首先强调金融科技应用层面的各项要求，以求能更好地服务高职学生；其次在内容结构上每个项目都设置了职业能力目标、职业素养目标、思维导图，每个任务都设置了任务描述、知识准备、课堂研讨、拓展训练，帮助学生了解金融科技的应用范围；为了更好地让学生感受金融科技的发展，本书还适当穿插拓展阅读，尽可能多地列举最新的中国金融科技应用案例。

本书共分为十一个项目：项目一为金融科技概述，主要帮助读者了解金融科技发展历程、发展现状和未来的发展趋势；项目二～项目五分别是大数据金融、人工智能金融、云计算金融、区块链金融，主要介绍四大技术的基础知识、技术基础和在金融领域的应用；项目六～项目八分别为金融科技赋能银行业、金融科技赋能证券业、金融科技赋能保险业，主要介绍四大技术如何有效助力传统金融"三驾马车"的发展；项目九和项目十为金融科技的风险和金融科技的监管，主要介绍四大技术给金融行业带来的新风险和新威胁，金融监管又是如何借助科技提升监管效率；项目十一为金融科技岗位及人才需求，帮助读者了解人才市场对金融科技岗位的需求情况。

本书是四川省"双高计划"建设单位成都工业职业技术学院金融科技应用教学团队、新道科技股份有限公司区块链金融团队教学改革的合作成果，教材编写分工如下：成都工业职业技术学院李鸿雁负责本书的整体设计和全书统稿工作，还编写了项目一、项目六和项目七；成都工业职业技术学院萧涵月参与教材设计并编写项目二、项目八任务一和项目十一；成都工业职业技术学院张爽编写项目八任务二和任务三；成都工业职业技术学院孙颖编写项目九；新道科技股份有限公司侯爱华编写项目三～项目五；重庆工业职业技术学院邓钦文编写项目十；四川财经职业学院李琳参与教材设计和修改定稿。

由于编者水平有限，本书仍有一些不足，错误也在所难免，恳请读者批评指正，以便本书能进一步修改完善。

编者

2023 年 4 月

目录

项目一

金融科技概述

☆ 核心目标

职业能力

1. 能够及时关注金融科技发展及变迁；
2. 能对金融科技发展趋势进行分析；
3. 能对金融政策发展进行一定解读，能根据学习需要查阅相关资料。

职业素养

1. 形成关注行业发展变迁的行为习惯；
2. 养成对事物进行分析的客观、敏感的职业思维。

☆ 知识图谱

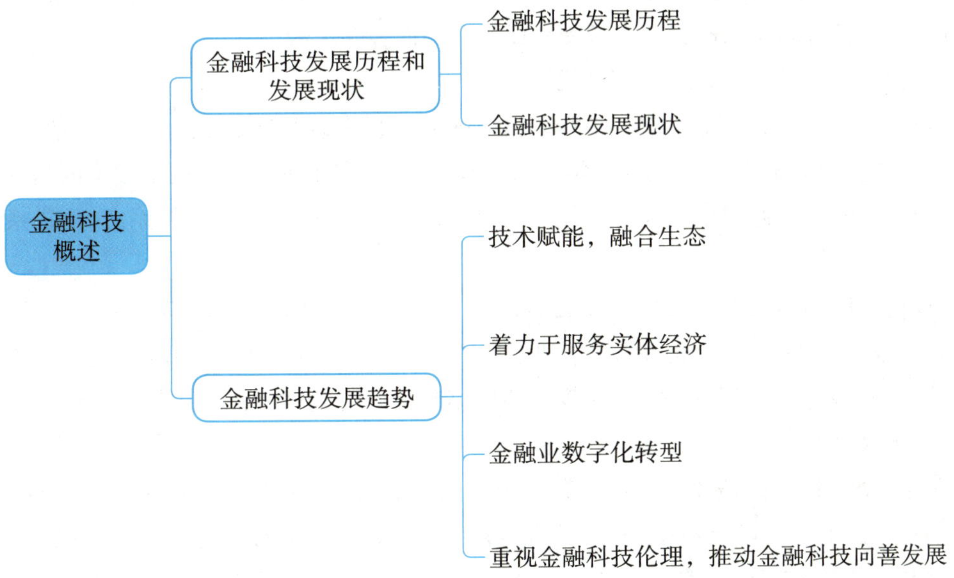

任务一　金融科技发展历程和发展现状

任务描述

王冬冬是金融科技应用专业的一名在校大学生，看到金融科技快速发展，金融科技人才需求不断增加，希望更好地了解金融科技的发展历程及发展现状。

金融科技发展历程和现状

知识准备

一、金融科技发展历程

金融科技是技术驱动的金融创新，以技术为手段，以金融为目标。根据金融稳定理事会(FSB在 2017 年发布的《金融科技对金融稳定的影响》，金融科技是指技术带来的金融创新，能够产生新的商业模式、应用、流程或产品，从而对金融服务的提供方式产生重大影响。中国人民银行发行的《金融科技(FinTech)发展规划(2019—2021 年)》也参考了上述定义，指出“金融科技是技术驱动的金融创新，旨在运用现代科技成果改造或创新金融产品、经营模式、业务流程等，推动金融发展提质增效”。

在金融科技所覆盖的范围与领域方面，巴塞尔银行监管委员会区分出四个核心应用领域：存贷款与融资服务、支付与清算服务、投资管理服务以及市场基础设施服务。

迄今为止，各国际组织与主权国家对于如何严谨地界定“金融科技”并无统一定义。从国际组织和主权国家的观点来看，金融科技的本质就是科技在金融领域的应用，旨在创新金融产品和服务模式、改善客户体验、提升服务效率、降低交易成本和降低金融风险。

金融科技的发展历程可以分为三个阶段：

第一阶段：金融电子化阶段(1993—2004 年)。1993 年，国务院发布《关于金融体制改革的决定》，明确指出要加快金融电子化建设。2001 年之后，金融机构在利用现代通信网络技术的基础上，更加注重数据库技术的应用，此时期代表性应用如 ATM、POS 机、银行的核心交易系统、信贷系统、清算系统等。

第二阶段：互联网金融阶段(2004—2016 年)。互联网金融时期呈现的特点是金融机构或互联网企业搭建在线业务平台，汇集海量用户，利用移动互联网技术对传统金融服务进行变革，对接金融的资产端、交易端、支付端和资金端，实现渠道网络化。此时期代表性应用如网上证券开户、网银系统、P2P、移动支付等。

第三阶段：金融科技阶段(2016 年至今)。除了互联网技术，更多新兴技术如大数据、云计算、人工智能、区块链被融合到金融业务中，传统金融企业、金融行业的新进入者和科技类企业利用科技手段对传统金融产品和服务进行变革。此时期代表性应用如大数据征信、智能投顾、供应链金融等。

二、金融科技发展现状

1. 全球金融科技发展呈现新态势

全球经济环境复杂多变，对金融科技多领域产生深刻影响。一方面，各国金融业相关主体更加依赖科技手段进行金融资源配置，大力发展数字金融，并高度关注金融数据价值的实现，同时将更多金融资源配置到绿色、普惠等可持续发展领域；另一方面，地缘冲突引发了一系列问题，其中跨境金融数字设施安全问题凸显，自主稳定成为各国关注的重点，一些国家和地区开始建设多元化、区域化的跨境金融数字设施。

2. 我国金融科技产业基础不断夯实，相关领域持续完善

央行印发的《金融科技发展规划(2022—2025 年)》指出，我国金融科技正式步入了“积厚成势”新阶段。目前我国金融科技“四梁八柱”已基本形成，法规、标准、人才等产业基础正不断夯实。

一是金融科技法治体系进一步健全，为行业健康发展提供法治保障。近年来，金融科技法律法规纲目并举、不断完善，制度短板加快补齐。尤其在金融科技安全方面，基本形成以全国人大立法为“纲”，以国家相关主管部委和地方规范为“目”的全面立法体系，为金融科技发展提供了法治保障。二是金融科技重点领域标准加快制定，标准国际化工作不断深化。《金融标准化“十四五”发展规划》为相关工作指明了方向，金融数据要素、金融信息基础设施、金融网络安全等重点领域标准加快供给。同时，在 ISO、ITU 等国际组织框架下，我国牵头或主要参与了第三方支付服务、金融分布式账本、数字货币硬件钱包等多项国际标准。三是金融科技人才聚集效应明显，产学研联动人才培养模式逐步形成。北、上、广、深、杭等地区凭借政策资源、产业基础、发展环境等优势打造了金融科技人才高地；长三角、粤港澳大湾区、成渝地区则通过错位差异及地区辐射完成多极化发展。同时，全国多所高校相继开设金融科技专业，通过校企合作进行重点领域研究，培养了大批金融科技人才。

3. 金融科技精准服务实体经济的能力不断强化

通过大数据、人工智能、区块链、5G+ 物联网等多种金融科技手段的综合应用，金融机构对于实体经济的服务能力不断强化，相应的服务成本有效降低，进而实现更广阔、更高效、更灵活的普惠金融服务创新。尤其是在科技创新、绿色发展、乡村振兴、“一带一路”等重点领域，科技赋能金融实现金融资源的精准投放，在风控、支付、客服等多个环节实现对智能化匹配服务，金融科技服务实体经济的战略要求正在落实到具体业务实践中。

4. 金融机构技术能力不断增强

当前，用科技引领业务创新发展的共识愈加凸显，科技实力越来越成为金融机构竞争力的核心要素。金融机构科技投入增幅持续保持较高水平。2019 至 2021 年，国有六大行的年平均科技投入增长率(21.77%)是营收增长率(6.96%)的 3 倍以上。得益于高水平的科技投入和丰富的业务场景，金融机构在人工智能、区块链、大数据等领域的技术已经达到领先水平。金融机构的科技能力正逐步向农业、教育、医疗等多个领域输出，加速了其他行业数字化转型进程。例如，工行“兴农通”乡村金融服务专属 App，通过物联网、区块链、卫星遥感等技术，提升农业数字自动化采集和智能化分析能力；中行利用大数据、人工智能等技术搭建“教育数字大脑”，探索“数字校园”建设，赋能智慧

教育发展。

课堂研讨

请总结归纳金融科技各个发展历程的主要特点。

拓展训练

针对金融科技目前的发展现状,探讨一下金融科技的发展趋势。

任务二　金融科技发展趋势

任务描述

王冬冬发现最近国家出台了一系列金融科技相关政策文件,相关技术、市场环境也在发生巨大的变化,国内外金融科技生态呈现新的发展态势,希望进一步了解金融科技的发展趋势。

知识准备

一、技术赋能,融合生态

金融科技强调的是用技术来推动金融的发展,是以技术为核心驱动力的。近年来,云计算应用已进入深水区,将更加关注安全稳定与风险防控;大数据应用正走向跨界融合,标准与规范是未来发展关键;人工智能应用加速发展,正从计算向感知与认知的高阶演进;区块链已从概念走向应用,虽面临多重制约但前景广阔。从未来发展趋势看,云计算、大数据、人工智能和区块链等新兴技术之间的联系,在实际应用过程中变得越来越紧密,彼此的技术边界在不断削弱,未来的技术创新将越来越多地集中在技术交叉和融合区域。

随着金融科技的广泛应用,金融产业生态发生深刻变革,金融服务模式创新层出不穷。技术满足需求的同时,也将在需求的驱动下不断发展创新。金融科技应用在推动金融行业转型发展的同时,金融业务发展变革也在不断衍生出新的技术应用需求,将实现对金融科技创新发展的反向驱动。新技术应用推动金融行业向普惠金融、小微金融和智能金融等方向转型发展,而新金融模式又衍生出在营销、风控和客服等多个领域的一系列新需求,要求新的技术创新来推动金融科技发展进入新阶段。

二、着力于服务实体经济

2019—2021 年的金融科技发展规划将金融科技定位为“服务实体经济的新途径”,而 2022—2025 年的金融科技发展规划则明确“金融科技是增强金融服务实体经济能力的重要引擎”。从“新途径”到“重要引擎”,不仅反映了金融科技从基础支撑到驱动变革的提升,也进一步明确了金融科技服务实体经济的重要导向和发展要求。金融科技尽管有不同的表现形式,但始终没有改变金融的本质。发展金融科技应该履行金融服务实体经济的责任担当，从惠及民生发展、扶持小微企业、促进产融结合、推动产业发展等方面，为实体经济插上强有力的翅膀。

三、金融业数字化转型

《金融科技发展规划(2022—2025 年)》专门论述了要全面加强数据能力建设、深化数字技术金融应用等要求，强化金融创新的科技驱动与数据赋能，支撑金融业务的有序、健康、可持续发展。

金融机构进一步高质量发展的要求就是数字化转型，而业务为纲、数据赋能、技术驱动、协同链接则是金融业数字化转型的战略方向。在这个大背景下，数据在金融科技发展中的重要地位被再次强调。金融数据不再仅仅是支持金融业务开展的一种资源工具，而是业已成为金融业最重要的生产要素之一。技术上，面对数字化时代所需要的高效响应、灵活调整、组合式创新等新的业务要求，金融机构需要打破传统的系统架构和技术体系，构建共享、复用、敏捷的新一代数字化技术底座。从业务与技术融合的角度出发，未来全面深入的数字化场景运营体系将以金融科技为依托，链接客户与场景、客户与生态、客户与企业经营要素。这将逐渐成为以客户体验为中心的金融机构数字化转型发展的新重点。

四、重视金融科技伦理，推动金融科技向善发展

近年来，金融科技应用中的算法歧视、隐私侵犯、过度采集用户数据等伦理问题不仅损害了消费者权益，也扩散了金融风险，给金融监管带来挑战。加强金融科技审慎监管已成为发展共识，审慎监管注重金融业务、数字技术和社会伦理之间的平衡。未来将会更加注重金融科技与社会伦理之间的平衡。技术是中性的，但技术的不当使用会造成算法滥用、数字鸿沟等伦理问题，未来金融科技伦理治理将成为金融监管的核心课题。

课堂研讨

为什么我们国家非常看重金融科技的发展?

拓展训练

查阅资料，思考人工智能技术在金融业深度应用对未来发展和我们的工作生活有什么影响?

项目二

大数据金融

☆ 核心目标

职业能力

1. 能够运用大数据及大数据金融相关基础知识，做好数据分析的全面准备工作；
2. 能对大数据金融的概念、大数据金融相对于传统金融的优势等有更准确的认知；
3. 能根据学习需要查阅相关资料。

职业素养

1. 养成用大数据思维去看待问题的习惯；
2. 养成对事物进行分析的客观、敏感的职业思维。

☆ 知识图谱

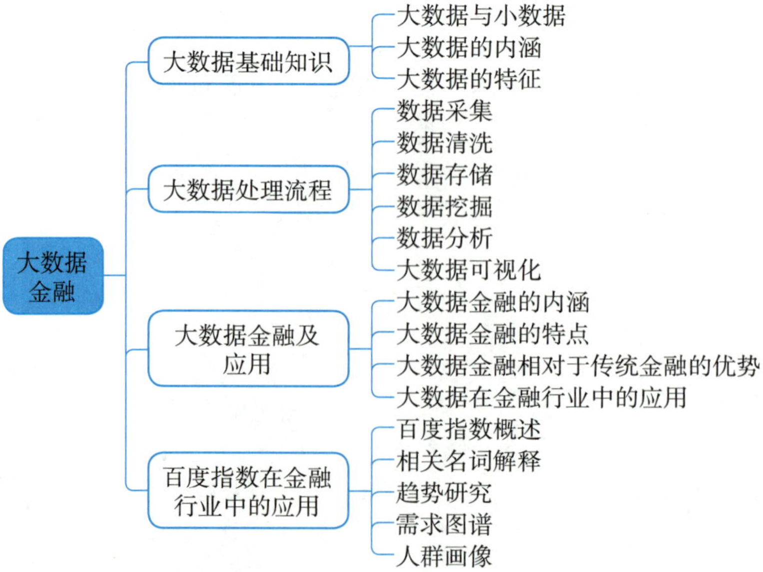

任务一　大数据基础知识

大数据基础知识

任务描述

在互联网中，大数据无处不在。无论是漫无目的地浏览网页、观看视频，还是发微博、聊微信，以及有目的性的搜索，基于每个用户都会产生数据，这些分散的数据汇集到网络中形成数据流，并最终聚集到网络服务提供商，形成大数据。

王冬冬是金融科技应用专业的一名在校大学生，对大数据知识非常感兴趣，王冬冬认为要想深入了解大数据，首先要掌握大数据技术的基础知识。

知识准备

一、大数据与小数据

大数据(big data)是指在一定时间范围内无法用传统数据库软件进行采集、存储、管理和分析的数据集或数据群，是需要通过新的处理模式才能体现出的具有高效率、高价值、海量、多样化特点的信息资产。利用数据挖掘分析技术可以使这些结构化、半结构化、非结构化的海量数据产生巨大的商业价值。

小数据(small data)，或称个体资料，是以个体为中心，需要新的应用方式才能体现出的具有高价值、高效率、个性化特点的信息资产。

大数据和小数据有本质的区别，虽然两者都是以创造数据价值为目的的，但是在收集目的、数据结构、生命周期、分析方法及分析重点 5 个方面都存在着不同的定位。

（一）收集目的

小数据的目的性很强，往往是为了一个目标，制定规划进行收集、整理和分析，不会收集与其研究目的无关的数据。而大数据收集没有明确的目标，收集的数据范围更广，在数据采集阶段并不知道会产生什么结果。

（二）数据结构

小数据的数据基本来自相同的行业和领域，数据种类单一，结构统一，并采取一种有序排列的结构化方式。而大数据的数据来自不同的行业和领域，数据种类复杂，数据标准和格式有所不同，非结构化的数据居多，无法进行统一排序。

（三）生命周期

小数据的生命周期比较短，几乎只有几年的时间，待相关问题解决或相关项目结束之后，小数据一般会被删除。而大数据的作用主要是进行预测。只有基于完整的历史数据才能对未来进行相对准确的预测。因此,大数据的生命周期相对较长,大部分会被永久保留。

(四)分析方法

小数据采用一般的统计方法对收集的所有数据进行分析;而大数据因其复杂性一般通过分布式的方式进行分析,采用训练、学习、聚合、归一化、转化、可视化等多种不同的方法进行分析。

(五)分析重点

小数据以个体行为数据为对象,主要是对个体数据信息进行全方位的精确的挖掘分析,重点在于深度;而大数据以某个群体行为数据为对象,主要是对大范围大规模的数据进行处理分析,重点在于广度。小数据不涉及大量的、急速的数据和繁多的信息种类,也没有隐含与大数据有关的复杂化信息,常以微观角度解释小型对象;而大数据则立于宏观角度,致力于表述宏观现象。简言之,用大数据得到规律,用小数据匹配个人。

二、大数据的内涵

大数据的概念较为抽象。大数据中的“数据”是指广义的数据,不仅包括传统的结构化数据(即可以用二维表格表述的数据),还包括非传统的非结构化数据(如视频、音频等),大数据中的“大”既形容数据量多,也形容数据产生和变化的速度非常快。大数据的内涵主要体现在数据类型、技术方法和分析应用 3 个方面。

(一)数据类型方面

大数据不仅包括传统的结构化和半结构化的交易数据,还包括巨量的非结构化数据和交互数据,它包括交易和交互数据集在内的所有数据集,如社交网站上的数据、在线金融交易数据、气象监测数据、卫星数据,以及其他监控、研究和开发数据。

(二)技术方法方面

大数据的核心是从各种各样类型的数据中快速获取有价值信息的技术及其集成,依据大数据的生命周期的不同阶段可以将大数据处理技术分为大数据存储、大数据挖掘和大数据分析 3 种。大数据存储包括直接外挂存储(DAS)、网络附加存储(NAS)、存储域网络(SAN)等存储方式。大数据挖掘主要采用的是分布式挖掘和云计算技术。

(三)分析应用方面

大数据的重点是采用大数据技术对特定的数据集合进行分析,及时获得有价值的信息。常用数理统计方法进行数据分析,如可视化的数据分析工具。在数据分析过程中不仅需要计算机进行自动化的分析,还需要人工进行数据的选择和参数的设定。

三、大数据的特征

大数据具有 5 个特征:大体量(volume)、多样性(variety)、时效性(velocity)、准确性(veracity)、价值性(value),如图 2-1 所示。

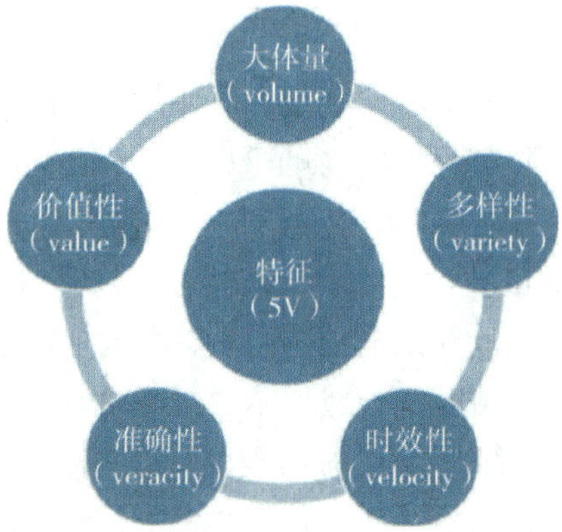

图 2-1　大数据的特征

（一）大体量

大体量，即数据量大，是大数据的基本属性。大数据一般是指 10 TB(1 TB=1024 GB) 规模以上的数据量，甚至可从数百 TB 到数十数百 PB、EB 的规模。资料显示，百度首页导航每天需要提供的数据量超过 1.5 PB(1 PB=1024 TB)。导致数据规模剧增的原因有：传感器等各种仪器获取数据的能力大幅提高，越来越多的事物特征可以被感知，这些特征将以数据的形式被存储下来；互联网的普及，使数据的分享和获取越来越容易，无论是用户有意还是无意地分享或浏览网页都会产生大量数据；集成电路价格的降低，使很多数据被保存下来。

（二）多样性

数据类型多样化是大数据的第二大特点。大数据包括各种格式和形态的数据。传统的数据大多是以二维表形式存储在数据库中的文本类结构化数据。随着互联网的发展和传感器种类的增多，诸如网页、图片、音频、视频、微博类的未加工的半结构化和非结构化数据越来越多，并以数量激增、类型繁多的非结构化数据为主。非结构化数据相对于结构化数据而言更加复杂，数据存储和处理的难度增大。目前，我国商业银行业务发展相关数据类型已从结构化数据扩展到非结构化数据。

（三）时效性

大数据的时效性是指在数据量特别大的情况下，数据能够在一定的时间和范围内得到及时处理，这是大数据区别于传统数据挖掘最显著的特征。大数据的流动速度快，当待处理的数据量从 PB 增加至 TB 时，超大规模的数据快速变化，使用传统的软件工具将难以处理。只有对大数据做到实时创建、实时存储、实时处理和实时分析，才能及时有效地获得高价值的信息。

（四）准确性

大数据的准确性是指保证处理的结果具有一定的准确性。结果的准确性涉及数据的可信度、偏差、噪声、异常等质量问题，原始数据的输入错误、缺失以及数据预处理系统的失效等会导致数据不准确，基于这些数据的分析就会得出一些错误的结论。因此，保证正确的数据格式对大数据分析十分重要。

（五）价值性

大数据的价值性是指大数据包含很多深度的价值，对大数据的分析挖掘和利用将产生巨大的商业价值。数据量呈指数增长的同时，隐藏在海量数据中的有用信息却没有相应比例增长；相反，价值密度的高低常常与数据总量的大小成反比。这样反而使我们获取有用信息的难度加大。以商业银行监控视频为例，连续数小时的监控过程中可能仅有几秒钟的数据是有用的。

大数据的特征表明大数据不仅数据量巨大，种类繁多，对大数据的分析将更加复杂，更加追求速度，更注重时效性、准确性以及价值性。大数据不仅意味着数据总量的快速增长，其更大的意义在于：通过对大容量数据的交换、整合和分析，及时识别与发现新的知识，创造新的价值，带来“大知识”和“大发展”。作为一种重要的战略资产，大数据开启了一次全新的、重大的时代转型。

课堂研讨

请举例说明大数据对人们日常生活的影响。

拓展训练

1. 简述大数据与小数据的区别。
2. 请简述大数据的内涵。
3. 请简述大数据的特征。

拓展阅读

大数据国家战略

随着5G、云计算、人工智能等新一代信息技术快速发展，信息技术与传统产业加速融合，数字经济蓬勃发展，数据已成为重要的生产要素。大数据产业作为以数据生成、采集、存储、加工、分析、服务为主的战略性新兴产业，是激活数据要素潜能的关键支撑，是加快经济社会发展质量变革、效率变革、动力变革的重要引擎。面对世界百年未有之大变局和新一轮科技革命和产业变革深入发展的机遇期，世界各国纷纷出台大数据战略，开启大数据产业创新发展新赛道，聚力数据要素多重价值挖掘，抢占大数据产业发展制高点。

党中央、国务院高度重视大数据产业的发展，推动实施国家大数据战略。习近平总书记多次就大数据和数字经济相关战略部署、大数据产业发展作出重要指示。2014年，大数据首次写入政府工作报告；2016年3月，《中华人民共和国国民经济和社会发展第十三个五年规划纲要》发布，明确“实施国家大数据战略”，提出把大数据作为基础性战略资源，全面实施促进大数据发展行动，加快推动数据资源共享开放和开发应用，助力产业转型升级和社会治理创新。2021年3月，《中华人民共和国国民经济和社会发展第十四个五年规划和2035年远景目标纲要》发布，围绕“打造数字经济新优势”，作出了培育壮大大数据等新兴数字产业的明确部署。为深入落实党中央、国务院决策部署，凝聚各方共识，敏锐抓住数字经济发展的历史机遇，更好地推进大数据产业高质量发展，2021年11月，工业和信息化部发布制定出台《“十四五”大数据产业发展规划》，作为未来五年大数据产业发展工作的行动纲领。

任务二　大数据处理流程

任务描述

王冬冬很喜欢听音乐，他发现软件会自动推荐一些歌曲，这些歌曲的风格大多与他平时常听的类似，非常贴近他喜欢的类型；购物软件也是如此，王冬冬喜欢的电子产品、运动品牌以及书籍的相关链接，也都出现在页面最显眼的地方。

那么，这些软件的精准推荐跟大数据是否有联系呢？大数据的处理流程是什么样的呢？

知识准备

大数据处理流程主要包括数据采集、数据清洗、数据存储、数据挖掘、数据分析、大数据可视化等环节。

一、数据采集

数据采集就是使用某种技术或手段，将数据收集起来并存储在某种设备上。数据采集处于大数据生命周期中的第一个环节，之后的分析挖掘都建立在数据采集的基础上。数据采集技术广泛应用在各个领域，比如摄像头和麦克风，都是数据采集工具。

二、数据清洗

数据清洗是对数据进行重新审查和校验的过程，目的在于删除重复信息、纠正存在的错误，并提高数据的一致性。

来自多样化数据源的数据内容并不完美，存在着许多“脏数据”，即内容不完整的数据、错误和重复的数据、格式不一致的数据。数据清洗就是对数据进行审查和校验，发现不准确、不完整或不合理数据，进而删除重复信息、纠正存在的错误，并保持数据的一致性、精确性、完整性和有效性，以提高数据的质量。

数据清洗对随后的数据分析非常重要，因为它能提高数据分析的准确性。但是数据清洗依赖复杂的关系模型，会带来额外的计算和延迟开销，必须在数据清洗模型的复杂性和分析结果的准确性之间做出权衡。

三、数据存储

数据存储是指数据流在加工过程中产生的临时文件或加工过程中需要查找的信息数据以某种格式记录在计算机内部或外部存储介质上。常用的存储介质为磁盘和磁带。数据存储组织方式因存储介质而异。在磁带上，数据仅按顺序文件方式存取；在磁盘上，数据可按使用要求采用顺序存取或直接存取方式。数据存储方式与数据文件组织密切相关，其关键在于建立记录的逻辑与物理顺序间对应关系，确定存储地址，以提高数据存取速度。数据存储要命名，这种命名要反映信息特征的组成含义。数据流反映了系统中流动的数据，表现出动态数据的特征；数据存储反映了系统中静止的数据，表现出静态数据的特征。

广泛应用的硬盘驱动器可以存储大量的数据，但只能在室温下使用大约 10 年的时间。这是因为硬盘的磁能势垒较低，因此在一段时间后，其上面储存的信息就会逐渐丢失。CD 和 DVD 光盘纸张、磁带、陶瓷、泥版和石头等介质的寿命也是有限的。

四、数据挖掘

数据挖掘(Data Mining)，又称为数据库文件的专业知识发掘(knowledge-discovery in databases KDD)，它是指从大量的数据中通过算法搜索隐藏信息的过程。数据挖掘通常与计算机科学有关并通过统计、在线分析处理、情报检索、机器学习、专家系统和模式识别等诸多方法来实现上述目标。

数据挖掘是一门涉及面很广的交叉学科，在处理各种问题时，只有清楚了相关业务逻辑才可以将遇到的问题转换为相应的数据挖掘问题。数据挖掘的处理过程一般包括数据预处理(ETL、数据清洗、数据集成等)，数据存储(存储仓库可以是数据库管理系统 DBMS、大型数据仓库以及分布式存储系统)与联机分析处理，使用各种算法(主要是机器学习的算法)进行挖掘以及最后的评估工作。

简单来说，数据挖掘是一系列的处理过程，最终的目的是从数据中挖掘出想要的或者意外收获的信息。

五、数据分析

大数据分析技术主要包括已有数据的分布式统计分析技术和未知数据的分布式挖掘、深度学习技术。分布式统计分析可由数据处理技术完成，分布式挖掘和深度学习则在大数据分析阶段完成，包括聚类与分类、关联分析、深度学习等，可挖掘大数据集合中的数据关联性，形成对事物的描述模式或事物的属性规则，可通过构建机器学习模型和海量训练数据提升数据分析与预测的准确性。

六、大数据可视化

大数据可视化，就是指将结构化或非结构化数据转换成适当的可视化图表，然后将隐藏在数据中的信息直接展现于人们面前。数据可视化分析是将数据以易于感知的图形符号呈现给用户，让用户交互地理解数据。也就是说，数据可视化可以看到交互界面，更适合于探索性地分析数据。

数据可视化是指以柱状图、饼状图、线型图等图形方式展示数据，让决策者更高效地了解企业的重要信息和细节层次。大量研究结果表明，人类通过图形获取信息的速度比通过阅读文字获取信息的速度要快很多，因此通过可视化方式可以帮助用户改变传统的数据识别模式。

课堂研讨

数据采集有哪些工具?

拓展训练

1. 大数据处理的流程是什么?
2. 什么是大数据可视化?

任务三　大数据金融及应用

大数据金融及应用

任务描述

随着计算机技术和互联网的发展,金融行业的数据采集能力逐步提高,存储了大量时间连续、动态变化的金融数据。相比于其他行业,大数据对金融业有更高的潜在价值。麦肯锡的研究表明,金融业在大数据价值潜力指数中排名第一。伴随着大数据的应用、技术革新以及商业模式的创新,金融交易形式日趋电子化和数字化,具体表现为支付电子化、渠道网络化、信用数字化,运营效率得到极大提升。

王冬冬想要了解大数据金融的内涵和大数据在金融业的应用。

知识准备

一、大数据金融的内涵

大数据金融是指运用大数据技术和大数据平台开展金融活动和金融服务,对金融行业积累的大数据以及外部数据进行云计算等信息化处理,结合传统金融,创新性地开展资金融通工作。具体来说,大数据金融通过收集和整合海量的非结构化数据,运用大数据、互联网、云计算等信息化处理方式,对客户的消费数据进行实时分析,为金融企业提供客户的全方位信息,通过分析和挖掘客户的交易和消费信息掌握客户的消费习惯,准确预测客户行为,提高金融服务平台的效率和降低信贷风险。

金融行业的大数据大致分为以下三类:

(1) 传统的结构化数据,如各种数据库和文件信息等。

(2) 以社交媒体为代表的过程数据,涵盖了用户偏好、习惯、特点、发表的评论、朋友圈之间的关系等。

(3) 日益增长的机器设备以及传感器所产生的数据,如柜面监控视频、呼叫中心语音、手机和ATM 等记录的位置信息。

根据金融行业的分类,可以将大数据金融细分为大数据银行、大数据保险和大数据证券。差异化车险定价,是大数据应用于保险行业的一个典型。具体而言,就是参照驾驶信息来制定不同层级的车险价格，驾驶习惯良好的车主，其车险价格就较低，反之车险价格就较高。信用卡自动授信是大数据在银行业的应用，银行根据用卡客户数据确定是否授信以及计算信用额度。机器人投资是大数据在证券业的创新模式之一，证券公司通过分析影响股价的多维因素创建模型，自动选择股票或寻找交易时机，在适当的风控模型下建立机器人投资云交易模式。

二、大数据金融的特点

大数据金融与传统金融相比，存在如下几个方面的特点。

（一）呈现方式网络化

在大数据金融时代，大量的金融产品和服务通过网络呈现，如支付结算、网络借贷、P2P、众筹融资、资产管理、现金管理、产品销售、金融咨询等都将主要通过网络实现。网络也包括固定网络和移动网络，其中移动网络将逐步成为大数据金融服务的主要途径。

（二）风险管理有所调整

在风险管理理念上，财务分析（第一还款来源）、可抵押财产或其他保证（第二还款来源）的重要性将有所降低。交易行为的真实性、信用的可信度通过数据的呈现方式将更加重要，风险定价方式将出现革命性变化。对客户的评价将是全方位的、立体的、活生生的，而不再是一个抽象的、模糊的客户构图。基于数据挖掘的客户识别和分类将成为风险管理的主要手段，动态、实时的监测而非事后的回顾式评价将成为风险管理的常态性内容。

（三）信息不对称性降低

在大数据金融时代，金融产品和服务的消费者与提供者之间的信息不对称程度会大大降低。对某项金融产品（服务）的支持和评价，消费者也可实时获知。

（四）金融业务效率提高

大数据金融的许多流程和动作都是在线上发起和完成的，有些动作是自动实现的，在合适的时间、合适的地点，把合适的产品以合适的方式提供给合适的消费者。同时，强大的数据分析能力可以提高金融业务的效率，交易成本也会大幅降低。

（五）金融企业服务边界扩大

首先，对于单个金融企业，最适合扩大经营规模，由于效率提升，其经营成本必然随之下降。金融企业的成本曲线形态也会发生变化，长期平均成本曲线的底部会更快来临，也会更平坦、更宽。其次，基于大数据技术，金融从业人员个体服务对象会更多，即单个金融企业从业人员会有减少的趋势，或至少其市场人员有减少的趋势。

（六）产品是可控的、可接受的

通过网络化呈现的金融产品，对消费者而言，是可控、可接受的。产品可控是指在消费者看来其风险是可控的。产品可接受是指在消费者看来，首先其收益或成本是可以接受的；其次，产品的流动性是可以接受的；最后，基于金融市场的数据信息，消费者认为其产品也是可以接受的。

（七）普惠金融

大数据金融的高效率性及扩展的服务边界，使金融服务的对象和范围也大大扩展，金融服务也更接地气。例如，极小金额的理财服务、存款服务、支付结算服务等金融服务，普通老百姓都可以享受到，甚至极小金额的融资服务也会普遍发展起来，金融深化在大数据金融时代可以完全实现。

三、大数据金融相对于传统金融的优势

传统金融对数据的重视程度不高，数据分析技术落后，大数据技术的应用相对缺乏。相比传统金融，大数据金融具有如下优势。

（一）放贷快捷，精准营销个性化服务

大数据金融建立在长期的大量的信用及资金流大数据基础之上，在任何时点都可以通过计算得出信用评分，并采用网上支付方式，实时根据贷款需要及用户信用评分等数据进行放贷。大数据金融根据企业不同的生产流程和信用评分进行放贷，不受时空限制，较好地匹配了企业的期限管理，解决了企业的资金流动性问题。此外，大数据金融还可以针对每一家企业的个性化融资需求做出不同的金融服务，而且快速、准确、高效。

（二）客户群体大，运营成本低

传统金融主要以人工为主体参与审批，而大数据金融以大数据云计算为基础，以大数据自动计算为主，不需要大量人工，成本较低，不仅可以针对小微企业提供金融服务，还可以根据企业生产周期灵活调整贷款期限。大数据金融整合了碎片化的需求和供给，将服务领域拓展至更多的中小企业和中小客户，更大程度地降低了大数据金融的运营成本和交易成本。

（三）科学决策，有效风控

网络借贷平台或供应链聚集了信息流、物流和资金流，其借贷信息都累积在大数据金融库持久闭环的产业上下游内部，贷款方对产业运作和风险点比较熟悉，有利于风险防范和风险预警。大数据金融可以根据这些交易借贷行为的违约率等相关指标估计信用评分，运用分布式计算做出风险评估模型，解决信用分配、风险评估、授权实施以及欺诈识别等问题。通过以大数据金融为基础的风控科学决策，有效地降低了不良贷款率。

大数据金融相比于传统金融有无可比拟的优势。企业可以通过大数据金融对商业模式和盈利模式加以创新，获得在产业链中的核心地位。大数据金融带来的技术革新和金融创新不仅能支持中小企业的发展，还能促进我国经济结构调整和转型升级，因此，大数据金融战略是企业和国家的战略选择。

四、大数据在金融行业中的应用

在国外，大数据在金融行业中的应用开展较早。例如，美国银行运用客户点击数据集为客户提供特色服务，包括有竞争性的信用额度；花旗银行运用IBM沃森电脑为财富管理客户推荐产品。中国金融行业大数据应用主要在近几年运用较为广泛，很多金融机构建立了大数据平台，专门采集和处理金融行业的交易数据，主要应用于金融行业的营销、服务、运营和风控4个方面，如图2-2所示。

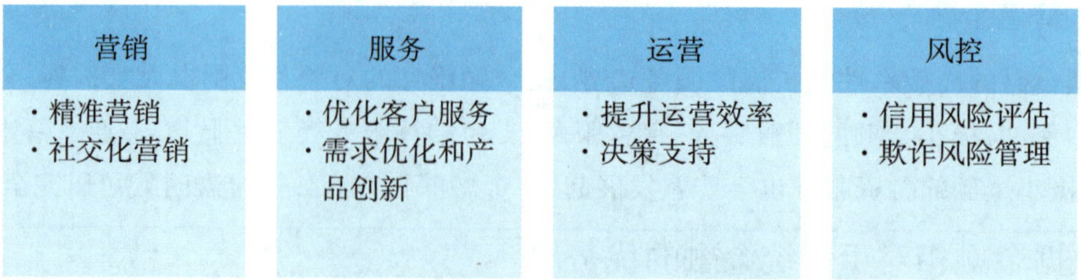

图 2-2　大数据在金融行业的应用

(一)营销

1. 精准营销

精准营销是指根据客户的消费偏好和消费能力确定目标客户,推荐个性化产品。例如,银行对客户刷卡、存款取款、银行转账、微信评论等行为数据进行整理和分析,定期向客户推送广告信息,包括客户可能感兴趣的产品和优惠信息;信用卡中心可以利用大数据追踪热点消息,针对特定人群提供产品,如热映电影、娱乐活动、美食饮品等;证券公司可以通过大数据分析为特定企业提供融资融券产品;保险公司可以根据大数据定制有针对性的保险产品。精准营销的具体流程如图 2-3 所示。

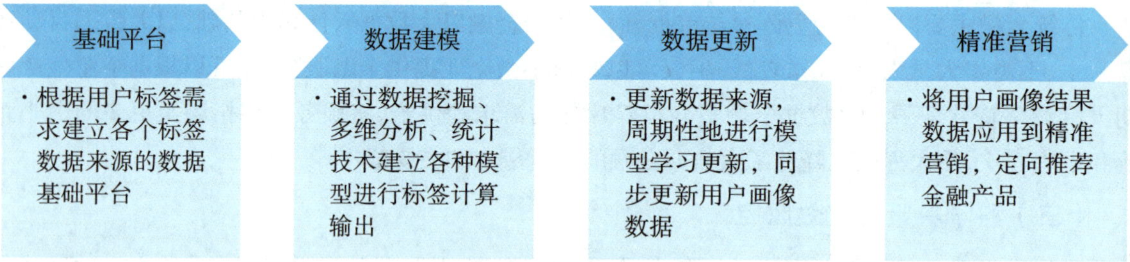

图 2-3　精准营销过程

2. 社交化营销

社交化营销是指利用社交平台的数据资源,结合大数据分析进行营销。金融行业可以开展成本较低的社交化营销,凭借开放的互联网平台,通过对大量的客户需求数据进行分析,进而推广产品和渠道。然后依据互联网社交平台反馈的用户数据,评价营销方案的可行性,利用口碑营销和病毒式传播来帮助金融行业快速进行产品宣传、品牌宣传、渠道宣传等。

(二)服务

1. 优化客户服务

银行可以根据大数据分析,在节假日问候客户,为客户提供定制服务,预知网点客户的未来资金需求,提高客户体验;私人银行还可以通过大数据分析,代理客户参与金融市场投资,获取超额利润,优化客户服务。证券公司可以通过大数据分析,快速推出相应的行业报告和市场趋势报告,以利于投资者及时了解热点,优化客户服务;保险公司可以根据大数据预测为客户提前提供有效服务,改善客户体验,同时增加商业机会。

2. 需求分析和产品创新

银行可以从职业、年龄、收入、居住地、习惯爱好、资产、信用等各个方面对客户进行分类，依据其他数据输入维度来确定客户的需求并定制产品。银行还可以依据企业的交易数据来预测行业的发展特点，为企业客户提供金融产品服务。保险行业可以依据导入的外部数据，根据热点词汇来判断市场对保险产品的需要。证券公司也可以依据外部数据判读投资者喜好，来定制投资产品，进行产品创新。

（三）运营

1. 提升运营效率

大数据可以展现不同产品线的实际收入和成本，帮助银行进行产品管理。同时，大数据为管理层提供全方面的报表，揭示内部运营管理效率，有利于内部效率提升。大数据可以帮助市场部门有效监测营销方案和市场推广情况，提高营销精度，降低营销费用。大数据可以通过展现风险视图来控制信用风险，同时加快信用审批速度。大数据可以帮助保险行业快速为客户提供保险方案，提高效率，降低成本。证券行业也可以利用大数据动态提供行业报告，帮助投资人及时了解行业动态。

2. 决策支持

大数据可以帮助金融企业，为即将实施的决策提供数据支撑，同时金融企业也可以依据大数据分析归纳出规律，进一步演绎出新的决策。基于大数据和人工智能技术的决策树模型将有效帮助金融行业分析信用风险，为业务决策提供有力支持。金融行业在将新产品或新服务推向市场前，可以在局部地区进行试验，大数据技术可以对采集的数据进行分析，通过统计分析报告为新产品的市场推广提供决策支持。

（四）风控（风险控制）

1. 信用风险评估

银行可以利用大数据增加信用风险输入维度，提高信用风险管理水平，动态管理企业和个人客户的信用风险。建立基于大数据的信用风险评估模型，将有效提高银行对中小企业和个人的资金支持额度。个人信用评分标准的建立，将帮助银行在即将到来的信用消费时代取得领先地位。基于大数据的动态信用风险管理机制，将帮助银行提前预测高风险信用违约时间，及时介入，降低违约概率，同时预防信用欺诈。

2. 欺诈风险管理

信用卡公司可以利用大数据及时预测和发现恶意欺诈事件，及时采取措施，降低信用欺诈风险。保险公司可以利用大数据发现恶意投保和索赔事件，降低欺诈带来的经济损失。银行可以基于大数据建立防欺诈监控系统，动态管理网上银行、POS 机、ATM 等渠道的欺诈事件。大数据提供了多维度的监控指标和联动方式，可以弥补和完善目前反欺诈监控方式的不足。特别在识别客户行为趋势方面，大数据具有较大的优势。

金融行业的数据十分丰富，通过采集和整理客户信息、交易信息、资产信息、信用信息等数据，结合外部数据分析，可以有效帮助金融企业进行精准营销、提高运营效率、优化客户服务、进行产品创新、提高信用风险和欺诈风险管理水平，为决策提供有效支持。但在大数据时代，金融行业也面临着诸如自身技术、信息安全、金融监管等方面的挑战,相信随着大数据技术的发展,这些问题会逐步得到解决。

课堂研讨

举例说明大数据对金融业产生了哪些影响。

拓展训练

请查阅资料,收集大数据技术在金融行业中应用的具体案例。

任务四 百度指数在金融行业中的应用

任务描述

王冬冬的母亲一直在做股票投资,最近听到朋友介绍白酒行业很有投资前景,她需要了解白酒行业的市场前景,分析该市场的可行性以及制定可持续发展路线,这关系到股票投资的盈亏,必须做好前期的充分准备。然而,冬冬妈妈不知道该如何利用工具以及数据进行有效分析。

王冬冬应该怎么帮助母亲解决该问题呢?

知识准备

通过百度指数获得阶段性用户关注度以及媒体关注度,把握后期市场趋势以及发展方向,制定合理的方案,作出有价值的决策。

一、百度指数概述

百度指数(baidu index)是以百度网民海量行为数据为基础的数据分析平台,是当前互联网乃至整个数据时代的重要统计分析平台之一,自发布之日起便成为众多企业营销决策的重要依据。“世界很复杂,百度更懂你”,百度指数能够告诉用户:某个关键词在百度的搜索规模有多大,一段时间内的涨跌态势、相关的新闻舆论变化,以及关注这些词的网民是什么样的、分布在哪里、还搜了哪些相关的词,帮助用户优化数字营销活动方案。

百度指数的主要功能模块有:基于单个词的趋势研究(包含整体趋势、PC 趋势还有移动趋势)、需求图谱、舆情管家、人群画像;基于行业的整体趋势、地域分布、人群属性、搜索时间特征。

二、相关名词解释

(一)搜索指数

搜索指数是以网民在百度的搜索量为数据基础,以关键词为统计对象,科学分析并计算出的各个关键词在百度网页搜索中搜索频次的加权和。根据搜索来源的不同,搜索指数分为 PC 搜索指数和移动搜索指数。

(二)需求图谱—需求分布

需求分布是通过综合计算关键词与相关词的相关程度,以及相关词自身的搜索需求大小得出的。 相关词距圆心的距离表示相关词的相关性强度;相关词自身大小表示相关词自身搜索指数大小,红色代表搜索指数上升,绿色代表搜索指数下降。

(三)需求图谱—相关词分类

来源相关词:反映用户在搜索中心词之前还有哪些搜索需求,通过过滤出关键词上一步搜索行为来源的相关词,按相关程度排序得出。

去向相关词:反映用户在搜索中心词之后还有哪些搜索需求,通过过滤出关键词下一步搜索行为来源的相关词,按相关程度排序得出。

(四)资讯指数

以百度智能分发和推荐内容数据为基础,将网民的阅读、评论、转发、点赞、不喜欢等行为数据加权求和,得出资讯指数。

(五)媒体指数

媒体指数是各大互联网媒体报道的新闻中,与关键词相关的,被百度新闻频道收录的数量,采用新闻标题包含关键词的统计标准,实际上就是反应语用量的使用频次。其数据来源、计算方法与搜索指数无直接关系。

(六)人群属性

关键词的人群属性,是根据百度用户搜索数据,采用数据挖掘方法对关键词的人群属性进行聚类分析,给出的年龄分布、性别比例等社会属性信息。

三、趋势研究

(一)搜索指数

在浏览器中输入百度指数网址(http://index.baidu.com)进入百度指数首页,如图 2-4 所示。

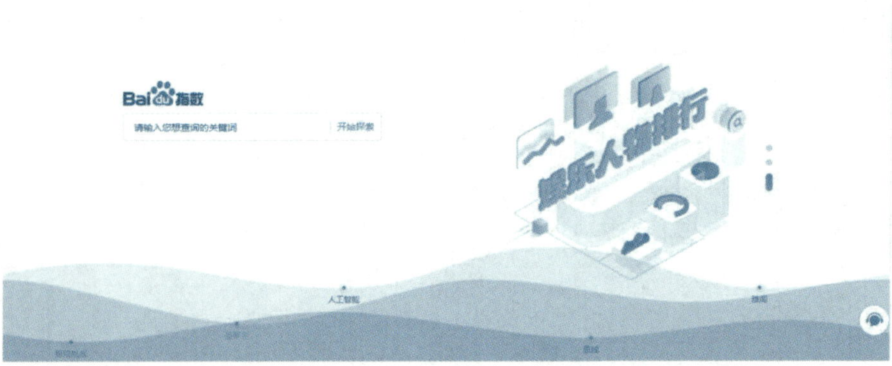

图 2-4 百度指数首页

在搜索框中输入关键词“白酒”,点击“开始探索”,搜索结果如图 2-5 所示。

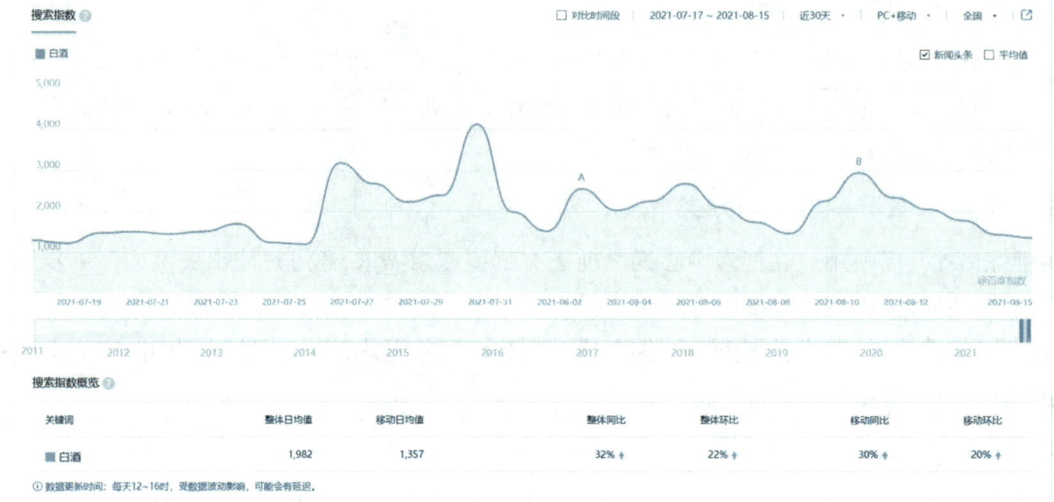

图 2–5　白酒的搜索指数

搜索指数默认的时间范围为近 30 天，可根据需要在上方日期处或者下方时间轴上进行调整。此处以 2021 年 7 月 17 日至 8 月 15 日时间段的白酒搜索指数为例。总体而言，全国 PC 端与移动端的白酒搜索指数较为平稳，在均值 1982 上下波动。该时间段内出现两次白酒行业的新闻头条，依次以 A、B 进行标注，点击 A 出现具体新闻信息。例如，“白酒股该醒了：七个交易日暴跌近万亿市值，茅台创新低，张坤认怂”“白酒集体反弹，风格又要切换？”“到了白酒抄底的好时候？”等。

根据搜索概述提供的相关数据可以看到，该时间段的白酒搜索指数较去年同期上涨 32%，较上一个月环比上涨 22%。

（二）资讯指数

在搜索指数的下方是白酒资讯指数，如图 2–6 所示。白酒的资讯指数日均值为 1 087 654，较去年同期上涨 139%，而较上一个月环比上涨 2%。

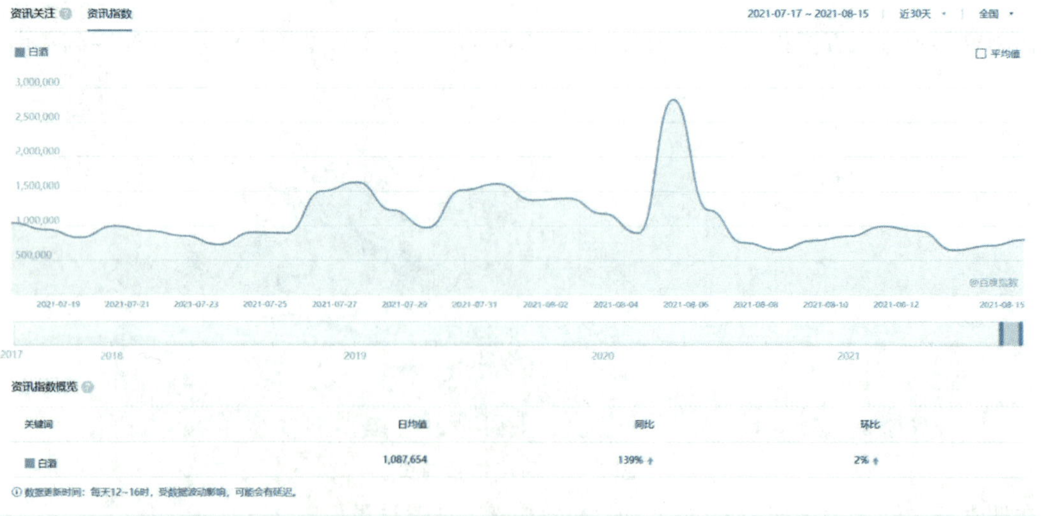

图 2–6　白酒资讯指数

四、需求图谱

（一）需求图谱

需求图谱的时间段选择不同，相应的结果也不相同，此处以 2021 年 8 月 2 日至 8 日的需求图谱为例。如图 2–7 所示，与白酒相关性最强的词分别为“茅台”“白酒”“白酒品牌”“白酒致癌”“白酒排名”“黄酒”。相关性最强的词中，自身搜索指数最大的是“茅台”，但是搜索热度呈下降趋势，“白酒品牌”“黄酒”“白酒致癌”的搜索热度呈上升趋势。“白酒代理”与“泸州老窖酒多少钱”搜索相关性最弱，但在该时间段内搜索热度呈上升趋势。

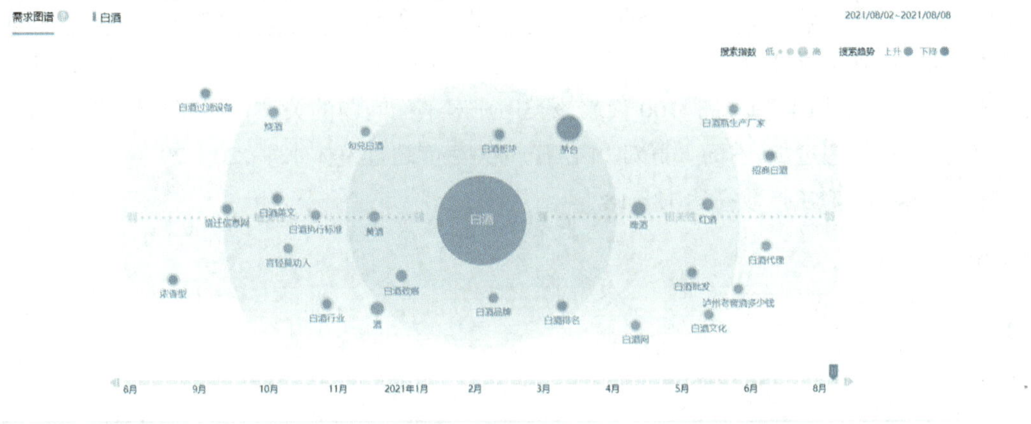

图 2–7 需求图谱

（二）相关词热度

在 2021 年 8 月 2 日至 8 日中，相关词的热度如图 2–8 所示。相关词中“茅台”与“啤酒”的搜索热度最高，其次是“酒”“红酒”等。搜索变化率上升幅度最大的相关词为“白酒致癌”，其次是“放纵剑魂”“泸州老窖酒多少钱”等，搜索变化率下降的相关词有“宿迁信息网”“白酒板块”“白酒过滤设备”等。

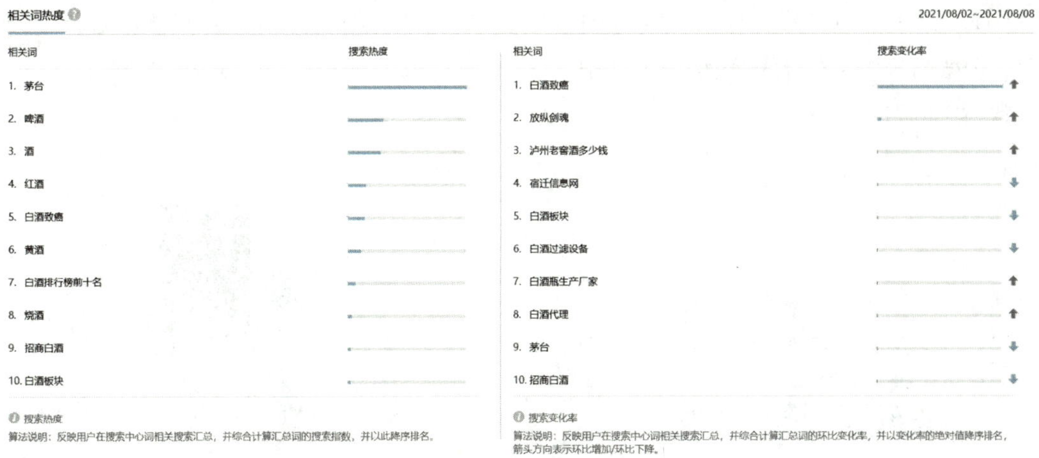

图 2–8 相关词热度

五、人群画像

（一）地域分布

2021 年 7 月 18 日至 8 月 15 日期间，关注“白酒”的用户主要来自广东、浙江、江苏、北京等地。由此可见，我国东南地区用户对“白酒”的关注度要高于我国西北地区用户。用户还可根据需要调整时间段，最早可追溯至 2013 年 7 月 1 日。

（二）人群属性

百度指数给出关注“白酒”的人群属性如图 2–9 所示，时间段为 2021 年 7 月 1 日至 31 日。在此期间关注“白酒”的人群中，年龄段在 20 ~ 29 岁的人群最多，年龄在 19 岁及以下或者 50 岁及以上的人群最少，其中男性占 70.18%。TGI 指数表明不同特征用户关注问题的差异情况，其中 TGI 指数等于 100 表示平均水平，高于 100 代表该类用户对某类问题的关注程度高于整体水平。从图 2–9 中可以看出，年龄超过 30 岁的人群对“白酒”的关注度超过整体水平，20 ~ 29 岁人群的 TGI 指数高达 163.08，男性的 TGI 指数高达 138.18。

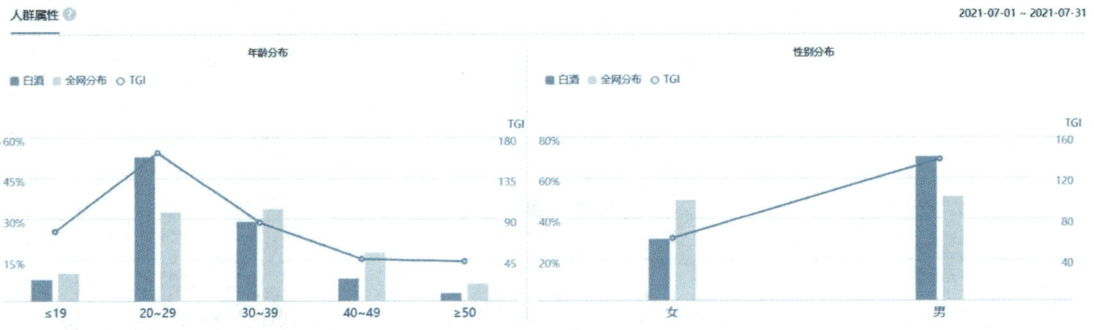

图 2–9　人群属性

（三）兴趣分布

百度指数能给出关注“白酒”人群的兴趣分布结果，如图 2–10 所示，时间段为 2021 年 7 月 1 日至 31 日。图 2–10 从“影视音乐”“医疗健康”“资讯”等维度对关注“白酒”的人群进行了分类。以关注“金融财经”的人群为例，该类人群中有 92.17% 的人同时关注了“白酒”，全网分布 72.74%，TGI 指数为 126.71。

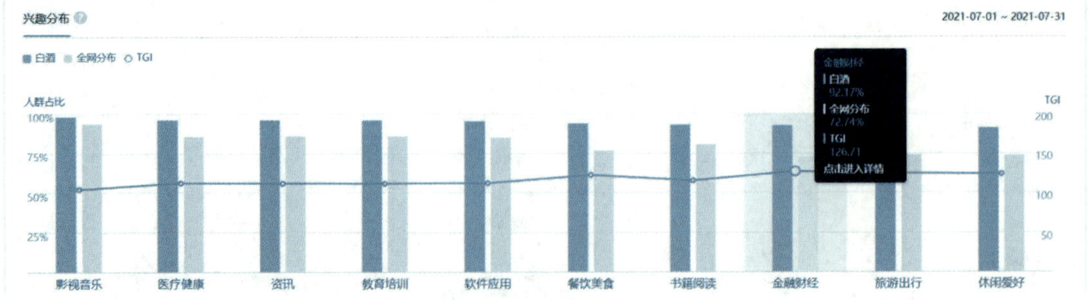

图 2–10　兴趣分布

课堂研讨

请根据本任务的数据分析结果为王冬冬的母亲提供有价值的建议。

拓展训练

请在百度指数中以“金融科技”为关键词进行相关数据查询，并结合查询结果谈谈你的看法。

拓展阅读

新金融科技——习近平向可持续发展大数据国际研究中心成立大会暨2021年可持续发展大数据国际论坛致贺信

来源：新华社　　发布日期：2021-09-06

国家主席习近平向可持续发展大数据国际研究中心成立大会暨2021年可持续发展大数据国际论坛致贺信。

习近平指出，设立可持续发展大数据国际研究中心是我在第75届联合国大会上宣布的支持落实联合国2030年可持续发展议程的重要举措。2030年议程为各国发展和国际发展合作提出了明确目标。当前，世界正遭受新冠疫情巨大冲击，科技创新和大数据应用将有利于推动国际社会克服困难、在全球范围内落实2030年议程。

习近平强调，希望各方充分利用可持续发展大数据国际研究中心平台和本次论坛，共谋大数据支撑可持续发展之计，加强国际合作，合力为落实2030年议程、推动构建人类命运共同体作出贡献。

可持续发展大数据国际研究中心成立大会暨2021年可持续发展大数据国际论坛开幕式当日在北京举行。

项目三

人工智能金融

☆ 核心目标

职业能力

1. 能对人工智能基础知识有初步的了解与认识；
2. 能初步了解人工智能的发展史，对人工智能未来发展趋势有自己的见解；
3. 能根据学习需要查阅相关资料。

职业素养

正确看待人工智能，具备与人工智能进行有效沟通和协作的能力。

☆ 知识图谱

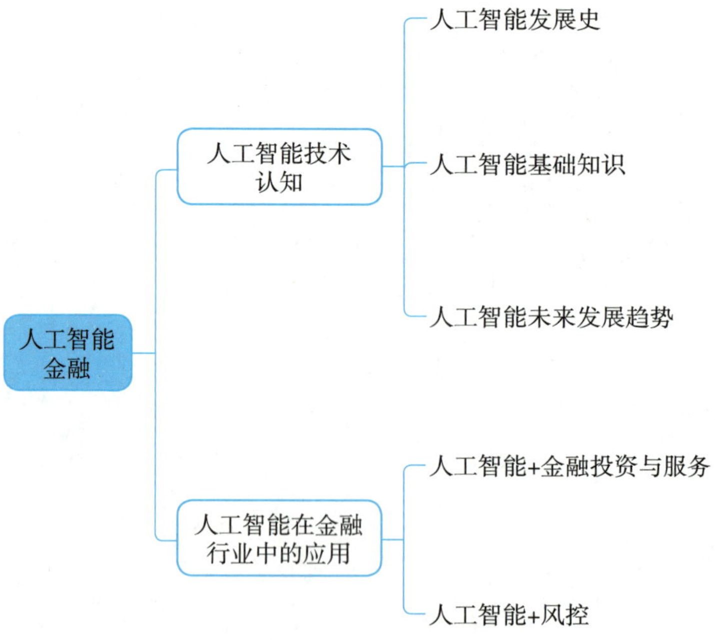

任务一　人工智能技术认知

人工智能
技术认知

任务描述

王冬冬是计算机专业一名在校大学生，对人工智能技术非常感兴趣。王冬冬认为要想深入了解人工智能技术，首先要了解人工智能发展史和相关基础知识。

知识准备

一、人工智能发展史

（一）人工智能起源

“人工智能”一词最初是在1956年达特茅斯(Dartmouth)会议上提出的。从那以后，研究者们发展了众多理论和原理，人工智能的概念也随之扩展。人工智能是一门极富挑战性的科学，从事这项工作的人必须懂得计算机知识、心理学和哲学。人工智能是包括十分广泛的科学，它由不同的领域组成，如机器学习、计算机视觉等。

总的说来，人工智能研究的一个主要目标是使机器能够胜任一些通常需要人类智能才能完成的复杂工作。但不同的时代、不同的人对这种“复杂工作”的理解是不同的。例如，繁重的科学和工程计算本来是要人脑来承担的，现在计算机不但能完成这种计算，而且能够比人脑做得更快、更准确，因之当代人已不再把这种计算看作是“需要人类智能才能完成的复杂工作”。可见复杂工作的定义是随着时代的发展和技术的进步而变化的，人工智能这门科学的具体目标也自然随着时代的变化而发展。它一方面不断获得新的进展，一方面又转向更有意义、更加困难的目标。

目前能够用来研究人工智能的主要物质手段以及能够实现人工智能技术的机器就是计算机，人工智能的发展历史是和计算机科学与技术的发展史联系在一起的。除了计算机科学以外，人工智能还涉及信息论、控制论、自动化、仿生学、生物学、心理学、数理逻辑、语言学、医学和哲学等多门学科。

（二）计算机与人工智能发展的重要节点

1941年，由美国和德国两国共同研制的第一台计算机诞生了，从此以后人类存储和处理信息的方法开始发生革命性的变化。

终于在1949年发明了可以存储程序的计算机，因此编程变得十分简单，计算机理论的发展终于导致了人工智能理论的产生。人们总算找到一个存储信息和自动处理信息的方法了。

虽然现在看来这种新机器已经可以实现部分人类的智力，但是直到20世纪50年代人们才把人类智力和这种新机器联系起来。美籍数学家、控制论的创始人诺伯特·维纳(Norbert Wiener)在反馈理论上的研究最终让他提出了一个论断,所有人类智力的结果都是一种反馈的结果,通过不断地将结果反馈给机体而产生动作,进而产生了智能。

1955 年,美国计算机科学家艾伦 · 纽威尔(Allen Newell)和赫伯特 · 西蒙(Herbert A.Simon)编写了逻辑理论程序,它是一种采用树形结构的程序,在程序运行时,它在树中搜索,寻找与可能答案最接近的树的分枝进行探索,以得到正确的答案。

1956 年,"人工智能之父"和 LISP 语言的发明人约翰 · 麦卡锡(John McCarthy)召集了一次会议来讨论人工智能未来的发展方向。

1957 年,艾伦 · 纽威尔和赫伯特 · 西蒙又开发了一个程序,称为 General Problem Solver(GPS),它对维纳的反馈理论做了一个扩展,并能够解决一些比较普遍的问题。

1963 年,麻省理工学院得到了美国政府和国防部的支持进行人工智能的研究,美国政府不是为了别的,而是为了在冷战中保持与苏联的均衡,虽然这个目的是带点火药味的,但是它的结果却使人工智能得到了巨大的发展。

二、人工智能基础知识

(一)人工智能的定义

人工智能(artificial intelligence),英文缩写为 AI。它是研究、开发用于模拟、延伸和扩展人的智能的理论、方法、技术及应用系统的一门新的技术科学。

人工智能是计算机科学的一个分支,它企图了解智能的实质,并生产出一种新的能以人类智能相似的方式作出反应的智能机器。该领域的研究包括机器人、语言识别、图像识别、自然语言处理和专家系统等。人工智能自诞生以来,理论和技术日益成熟,应用领域也不断扩大,可以设想,未来人工智能带来的科技产品将是人类智慧的"容器"。人工智能可以对人的意识、思维的信息过程进行模拟。人工智能不是人的智能,但能像人那样思考,也有可能超过人的智能。

(二)人工智能的研究内容

人工智能的研究是专业性强、技术含量高的研究,各分支领域都是深入且各不相通的,因而涉及范围极广。人工智能学科研究的主要内容包括知识表示方法、自动推理和搜索方法、机器学习和知识获取、知识处理系统、自然语言理解、计算机视觉、智能机器人、自动程序设计等方面。

(1)知识表示方法是人工智能的基本问题之一,自动推理和搜索方法都与表示方法密切相关。常用的知识表示方法有逻辑表示法、产生式表示法、语义网络表示法和框架表示法等。

(2)问题求解中的自动推理是知识的使用过程,由于有多种知识表示方法,相应地有多种推理方法。推理过程一般可分为演绎推理和非演绎推理。

(3)搜索是人工智能的一种问题求解方法,搜索策略决定着问题求解的一个推理步骤中知识被使用的优先关系。可分为无信息导引的盲目搜索和利用经验知识导引的启发式搜索。

(4)机器学习是人工智能的另一重要课题。机器学习是指在一定的知识表示意义下获取新知识的过程,按照学习机制的不同,主要有归纳学习、分析学习、连接机制学习和遗传学习等。

(5)知识处理系统主要由知识库和推理机组成。当知识量较大而又有多种表示方法时,知识库对知识的合理组织与管理是极其重要的。推理机在问题求解时，规定使用知识的基本方法和策略，推理过程中为记录结果需设数据库或采用黑板机制。

（三）人工智能应用领域

1. 问题求解

人工智能的第一大成就是下棋程序，在下棋程序中应用的某些技术，如向前看几步，即把困难的问题分解成一些较容易的子问题，发展成为能够搜索问题和归纳问题的人工智能基本技术。

2. 逻辑推理与定理证明

逻辑推理是人工智能研究中最持久的领域之一，其中特别重要的是要找到一些方法，只把注意力集中在一个大型的数据库中的有关事实上，留意可信的证明，并在出现新信息时适时修正这些证明。对数学中臆测的定理寻找一个证明或反证，需要有根据假设进行演绎的能力。许多非形式的工作，包括医疗诊断和信息检索都可以和定理证明问题一样加以形式化，因此，在人工智能方法的研究中，定理证明是一个极其重要的论题。

3. 自然语言处理

自然语言的处理是人工智能技术应用于实际领域的典型范例，经过多年的艰苦努力，这一领域已获得了令人瞩目的成果。目前该领域的主要课题是：计算机系统如何以主题和对话情境为基础，注重大量的常识——世界知识和期望作用，生成和理解自然语言。这是一个极其复杂的编码和解码问题。

4. 智能信息检索技术

信息获取和精细化技术已成为当代计算机科学与技术研究中迫切需要研究的课题，将人工智能技术应用于这一领域的研究是人工智能走向广泛实际应用的契机与突破口。

5. 专家系统

专家系统是目前人工智能中最活跃、最有成效的一个研究领域，它是一种具有特定领域内大量知识与经验的程序系统。近年来，在“专家系统”或“知识工程”的研究中已出现了成功和有效应用人工智能技术的趋势。

三、人工智能未来发展趋势

（一）进展与趋势

经过 60 多年的发展，人工智能在算法、算力（计算能力）和算料（数据）等“三算”方面取得了重要突破，正处于从“不能用”到“可以用”的技术拐点，但是距离“很好用”还有诸多瓶颈。那么在可以预见的未来，人工智能发展将会呈现怎样的趋势与特征呢？

从专用智能向通用智能发展。从专用人工智能向通用人工智能的跨越式发展，既是下一代人工智能发展的必然趋势，也是研究与应用领域的重大挑战。

从人工智能向人机混合智能发展。借鉴脑科学和认知科学的研究成果是人工智能的一个重要研究方向。

从“人工 + 智能”系统向自主智能系统发展。当前人工智能领域的大量研究集中在深度学习，但是深度学习的局限是需要大量人工干预，比如人工设计深度神经网络模型、人工设定应用场景、人工采集和标注大量训练数据、人工适配智能系统等，非常费时费力。因此，科研人员开始关注减少人工干预的自主智能方法，提高机器智能对环境的自主学习能力。

人工智能将加速与其他学科领域交叉渗透。人工智能本身是一门综合性的前沿学科和高度交叉的复合型学科，研究范畴广泛而又异常复杂，其发展需要与计算机科学、数学、认知科学、神经科学和社会科学等学科深度融合。

人工智能产业将蓬勃发展。随着人工智能技术的进一步成熟以及政府和产业界投入的日益增长，人工智能应用的云端化将不断加速，全球人工智能产业规模在未来 10 年将进入高速增长期。

人工智能将推动人类进入普惠型智能社会。“人工智能 +X” 的创新模式将随着技术和产业的发展日趋成熟，对生产力和产业结构产生革命性影响，并推动人类进入普惠型智能社会。

人工智能领域的国际竞争将日益激烈。当前，人工智能领域的国际竞赛已经拉开帷幕，并且将日趋白热化。

人工智能的社会学将提上议程。为了确保人工智能的健康可持续发展，使其发展成果造福于民，需要从社会学的角度系统全面地研究人工智能对人类社会的影响，制定完善人工智能法律法规，规避可能的风险。

（二）态势与思考

当前，我国人工智能发展的总体态势良好，但是我们也要清醒地看到，我国人工智能发展存在过热和泡沫化风险，特别在基础研究、技术体系、应用生态、创新人才、法律规范等方面仍然存在不少值得重视的问题。总体而言，我国人工智能发展现状可以用 “高度重视，态势喜人，差距不小，前景看好” 来概括。

(1)高度重视。党中央、国务院高度重视并大力支持发展人工智能。习近平总书记在党的十九大、2018 年两院院士大会、全国网络安全和信息化工作会议、十九届中央政治局第九次集体学习等场合多次强调要加快推进新一代人工智能的发展。

(2) 态势喜人。据清华大学发布的《中国人工智能发展报告 2018》统计，我国已成为全球人工智能投融资规模最大的国家，我国人工智能企业在人脸识别、语音识别、安防监控、智能音箱、智能家居等人工智能应用领域处于国际前列。

(3) 差距不小。目前我国在人工智能前沿理论创新方面总体上尚处于 “跟跑” 地位，大部分创新偏重技术应用，在基础研究、原创成果、顶尖人才、技术生态、基础平台、标准规范等方面距离世界领先水平还存在明显差距。

(4) 前景看好。我国发展人工智能具有市场规模、应用场景、数据资源、人力资源、资金投入、国家政策支持等多方面的综合优势，人工智能发展前景看好。

课堂研讨

生活中哪些机器或场景用到了人工智能技术？

拓展训练

1. 查找国家鼓励人工智能技术发展的政府文件。

2. ChatGPT(Chat Generative Pre-trained Transformer)是美国 OpenAI 研发的聊天机器人程序，于022 年 11 月 30 日发布，引起了广泛关注。ChatGPT 可以用来开发聊天机器人，也可以编写和调试计算机程序，还可以进行文学、媒体相关领域的创作，包括创作音乐、电视剧、童话故事、诗歌和歌词等。一些科学家认为，这类人工智能技术可能为商业和民生带来巨大的机遇，但同时也伴随着风险。查阅相关资料，谈谈你的看法。

任务二　人工智能在金融行业中的应用

任务描述

人工智能在各行各业得到广泛应用。在金融领域应用人工智能非常关键且重要，因为人工智能的应用可以给金融领域带来实质性的效益，如果将人工智能技术转化为有利于金融领域发展的硬件产品，这些智能化的硬件产品将在金融领域创造出巨大的价值。

王冬冬迫切想要了解人工智能技术在金融行业的应用。

知识准备

一、人工智能+金融投资与服务

因技术变革而生的金融科技是当前的一个热门话题，金融科技在过去几年中呈现运动式发展，除了 BAT(百度、阿里、腾讯)等互联网公司，其他新兴公司和银行、证券公司、保险公司、基金公司等传统金融机构都被卷入这场变革式洪流之中。

（一）大类资产配置型智能投顾

近年来，智能投顾迅速崛起，作为新的投资模式尤其在美国深受欢迎。它为顾客提供动态的、基于算法的资产配置建议。所谓“智能投顾”，即智能＋投顾，首先它是一个投顾，取代人工投顾的工作。智能投顾根据投资者的实际状况，如收入状况、年龄、投资目的、心理风险承受能力等因素来评估用户实际风险偏好，并推荐相对合理的投资组合建议，其投资标的主要为各类 ETF 基金，属于资产配置型的被动投资。

相比于传统的投顾，智能投顾有着更低的成本，使得普通家庭也能够享受专业的投顾服务。此外，智能投顾发挥算法优势且由机器自动执行，因此配置和执行更为高效。而传统财富管理则有着覆盖面有限、资源配置效率低下、普通消费者缺乏财富管理意识以及刚性兑付未完全打破等短板。

（二）投研分析类智能投顾

资产配置型的智能投顾目前的主要投资标的是大类资产，目标客户是广大群众，并非专业投资者，因此其实质还是在销售端。当投资到具体的如 ETF、基金、债券等产品时，产品端这一层实质是专业的资管产品，如ETF的建立、股票或商品标的的选择、择时的把控等。这时就需要投研分析类的智能投顾来辅助进行投资研究。

投研分析首先是数据分析，互联网时代的到来，获取数据已经不再是难事。在金融投资领域数据正在变得越来越透明，信息不对称的现象被网络逐步消除。然而，面对海量的数据，从中提取能够供投资与决策使用的有价值数据，却变得越来越困难。以基本面研究为例，研究员与分析师每天面对的各类研报，涉及大量上市公司信息和相关新闻，除此之外还要参考市场各类宏观信息，想要研究一个公司究竟是否值得投资，何时进行投资，是一个非常复杂的过程。利用人工智能技术可以帮助从业人员更快地从海量数据中发现不同信息之间的逻辑关系，从而更加精准快速地作出决策。

（三）量化交易智能投顾

投资研究的最终目的是进入市场进行交易并获取投资收益，因此在整条投顾业务链中量化投资领域，人工智能同样有用武之地。量化投资在国外已有大约30年的历史，随着资本市场越来越成熟，金融衍生工具不断涌现以及技术的不断发展，量化投资正迎来国内最好的发展机会。将程序化决策应用到金融投资领域越来越得到市场人士的认可。量化投资通过对历史数据进行分析，借助一系列的数学方法进行归类和判断，与纯粹的主动投资相比更具理性，其风险控制也显得更为严格。然而量化投资的策略本身依旧是人来制定的，它是将人的投资经验和策略赋予程序，然后通过不断回测和改进最终形成的策略。因此，量化投资策略最终是人的策略，并非机器的策略。

如同图片特征可以被识别一样，市场特征也可以被识别，将影响市场行情的因素理解成图片中的每一个像素，这些因素就构成了可用于预测的特征图。人工智能技术领域有一个分支称为神经网络，也就是通常所说的深度学习。图像识别通常是使用卷积神经网络从大量像素中提取特征，降低数据纬度。无论是图像识别、AlphaGo，还是自动驾驶等，都是通过大量数据对神经网络进行训练来得到模型。在行情预测方面，同样可以构建一个多层次的异构学习系统，利用正向和反向激励机制寻找数据中的相关性和潜在规律。通常使用多层感知和递归神经网络来共同完成特征的识别和数据的预测。

二、人工智能+风控

（一）人工智能是大金融风控的必备手段

传统信用风险评估模型是在原有业务逻辑架构下，利用数据驱动或专家经验来开发模型模板，并结合统计分析模型得到精准的计量结果。所以，当需要解决金融行业互联网大数据的问题时，传统信用风险评估模型便显得捉襟见肘。

首先，传统模型不能满足数据分析的需要。随着互联网大数据的介入，数据量变得十分庞大，导致原有的业务逻辑框架已经不能满足数据分析的需求。

其次，传统模型受限严重。由于互联网数据稀疏性强和单变量风险区分能力弱的特点，因此传统模型的使用也受到严重限制，需要使用新的技术来适应这种新的业务场景。这时，机器学习开始进入互联网金融的历史舞台。

人工智能是一门多领域交叉学科，涉及概率论、统计学、逼近论、凸分析、算法复杂度理论等多门学科。人工智能重在研究计算机怎样模拟或实现人类的学习行为，以获取新的知识或技能，重新组织已有的知识结构使之不断改善自身的性能。

近年来，人工智能技术得到飞速的发展，在信息识别、推荐引擎等领域都取得了出色的应用效果。大量实验结果证明，机器学习模型有着良好的鲁棒性和泛化性，比较适合互联网金融中数据分析应用的特殊场景。

人工智能由于拥有可以不断重新组织自身结构以改善自身性能的特点，解决了传统风控技术的短板，因而成为金融行业风控的必备手段。

（二）人工智能在风控中的发展困境

人工智能技术在金融场景里的应用才刚刚开始，还停留在初级阶段，目前急需解决两大难题：

1. 训练数据太少

训练数据需要积累，目前数据量太小。首先，金融数据是非常稀疏的，过去也没有刻意对相关数据进行搜集，缺少历史的积累。其次，现在很多金融产品形式在以前是根本没有发生过的，需要从头开始积累。最后，金融出坏账的周期较长，少则一个月多则几个月，积累数据也要有一个较长周期。因此，金融行业目前数据量较小，且积累数据较慢。这也是阻碍机器学习快速发展的巨大障碍。

2. 数据维度太多

数据维度太多，远远超过了人的处理能力。在金融场景内，特别强调模型的可解释性，需要把人的风控经验和直观感受跟数据表现结果关联起来，做到特征可追溯。通常，互联网的机器学习都是一个黑盒子，一堆数据扔进去，等结果来反馈迭代，这种情况下，人的经验无法介入，特征也无法追溯。过多的数据特征维度，尚需要人工进行甄别和处理，这也需要一个较长的时间周期。

（三）人工智能在风控中的应用

人工智能技术在风险管控中的应用主要体现在能够在收集和分析消费者个人相关信息的基础上，构建出风险预测模型，进而能够确定风险程度。以银行贷款业务为例，早期的银行贷款业务需要经过人工审核，耗时几天，甚至更长时间。但运用人工智能技术，在短短几秒时间内就能够完成审批任务，给出审批结果。这不仅有效避免银行在长时间审批过程中丢失消费者，还具有短时间审批的优势，且风险管控模型的准确性和科学性更强。此外，人工智能还能有效识别国际监管的可疑交易，通过扫描数据库中的数据，提取利益的主体，继而对交易行为特征以及交易的轨迹展开分析，对相关的违法犯罪行为进行打击。最后，人工智能技术还能预防威胁金融稳定发展的不良因素的干扰，识别异常的风险主体，进而实现金融稳定发展的目标。

1. 机器学习与神经网络联合，实现决策预警

在互联网金融领域，用户信息与交易信息均以数据的方式存储。人工智能可有效处理复杂数据，学习与应用互联网金融领域中的各种信息。从用户角度来看，人工智能可为其提供在线智能理财顾问，依据资产配置结果与用户个人偏好打造最佳的投资方案，降低用户投资风险。在互联网金

融决策层面应用人工智能，将在线资深理财顾问与资产管理服务应用于用户投资的行为是智能投顾典型的服务模式。

从宏观经济层面来看，人工智能能够利用大批量、复杂的数据来预测未来经济趋势与市场走向，与此同时做好系统性金融风险预警和互联网风险预警工作。人工智能可利用数据进行分析和相关调查，协助互联网金融系统整理和优化已有的交易监控措施，形成更完备的反洗钱预警方案。在人工智能技术的辅助下，金融机构增加了用户认证频率，识别精准度也更强，尽可能多地采集各种信息从而全面掌握用户需求，避免误判。相较于人类工作来说，人工智能具备较强的平稳性，能够更加快速地进行预警和调查，不会产生疲倦感，不易受外界环境的干扰。

2. 深度学习与知识图谱优化智能风控

风险控制是互联网金融领域中的关键问题，在不能和用户直接面对面时风控问题尤为重要。最初的金融业务不能为多数客户服务的主要原因是风险控制方法的缺失，不能准确识别和判断用户的风险，因此银行与传统金融机构不能借助风控系统对用户信用加以评估，从而造成金融机构获得客户十分困难。由于传统金融渠道融资难的问题，小贷企业与校园贷款逐步兴起，这同时增加了互联网金融领域的信用管理难度。

人工智能技术的推出有助于金融机构处理风控的难题。人工智能利用深度学习法与知识图谱法采集大量数据，经过采集分析具有历史特点的数据来推断后期行为，最终推断出个人或企业的信用状况。如表 3–1 所示，线性模型是传统风控模型的代表，数据维度涉及用户、企业的基础特点信息，比如年龄、薪酬、工作单位、企业资产，数据维度通常低于指定额度。集成模型、深度学习是人工智能风控模型的代表，数据维度通常高于指定额度。

以知识图谱反欺诈为例，该技术在深度探究大量数据中搜寻数据中的关联点与疑惑点。人工智能可对数据进行开发与分析，在构建知识图谱时还需用到语义网络与语言处理技术。尤其在数据资源较多时，知识图谱的优势会愈加明显。一方面，人工智能在知识图谱中研究交易特点变量与既定标准，智能模型从与标准答案的对比中剖析对错，合理控制风险；另一方面，人工智能将无监督机器学习投入到交易、账户登录中去，合理分析欺诈用户与诚信用户的行为不同点，从而正确识别风险。利用人工智能不仅加快了互联网金融操作的工作效率，还可协助审批监察金融风险。人工智能的有效应用可抑制防范金融运作中存在的不安全行为，防止人为损失与道德风险的发生。

表 3–1　传统风控模型与人工智能风控模型的对比

风控模型	数据维度	模型
传统风控模型	基于人或公司的基本特征信息，比如年龄、工资、工作单位、企业资产等，特征数量一般小于 50，基本是强变量	线性模型为主
人工智能风控模型	特征数量大于 1000，包括基本特征信息、行为特征信息及分析特征信息等，基本是弱变量	集成模型、深度学习为主

课堂研讨

人工智能在哪些领域具有广泛的运用？

拓展训练

请查阅资料，收集人工智能技术在金融投资与风控中应用的具体案例。

拓展阅读

习近平向国际人工智能与教育大会致贺信

来源：新华社　　发布日期：2019-05-16

国际人工智能与教育大会5月16日在北京召开。国家主席习近平向大会致贺信。

习近平指出，人工智能是引领新一轮科技革命和产业变革的重要驱动力，正深刻改变着人们的生产、生活、学习方式，推动人类社会迎来人机协同、跨界融合、共创分享的智能时代。把握全球人工智能发展态势，找准突破口和主攻方向，培养大批具有创新能力和合作精神的人工智能高端人才，是教育的重要使命。

习近平强调，中国高度重视人工智能对教育的深刻影响，积极推动人工智能和教育深度融合，促进教育变革创新，充分发挥人工智能优势，加快发展伴随每个人一生的教育、平等面向每个人的教育、适合每个人的教育、更加开放灵活的教育。中国愿同世界各国一道，聚焦人工智能发展前沿问题，深入探讨人工智能快速发展条件下教育发展创新的思路和举措，凝聚共识、深化合作、扩大共享，携手推动构建人类命运共同体。

中国金融科技发展概览：人工智能在金融领域应用日趋广泛

来源：社会科学文献出版社　　发布日期：2021-09-27

近日，中国通信学会与社会科学文献出版社共同发布了《中国金融科技发展概览：创新与应用前沿(2020～2021)》。

新一代人工智能技术正在全球范围内蓬勃发展，并成为国际竞争的新焦点；加上全球新冠疫情的冲击，产业链和供应链循环受阻，我国将面临金融改革、市场开放及社会转型的重要时期，这为人工智能在金融领域的发展打开了新的窗口期，创造了丰富的实践场景，人工智能作为引领未来的战略性技术，将为金融领域注入新动能。

在金融智能的技术方面，2019—2020年进一步蓬勃发展，推动了技术不断迭代。金融领域，人工智能慢慢退却了过度炒作的热度，更加注重人工智能技术与金融行业场景的融合。整体来看，过去一年相关技术的发展不乏亮点。一是自然语言处理领域的预训练语言模型层出不穷，业界公司纷纷推出新的预训练语言模型。这些模型的使用一方面将提升现有技术使用的效果，另一方面将进一步推动一些自然语言处理技术在金融行业落地。二是图像和文本生成技术有一定的突破，GAN生成的高分辨率人脸真假难辨；GPT-3模型生成的故事、代码、公式等效果较好，超越了人类的水平，其生成的部分故事达到了以假乱真的地步，但这也为金融智能带来的安全问题拉响了警报。三是强化学习解决了一系列过去难以解决的复杂环境问题，使得强化学习的可用性更强，提高了强化学习在量化投资、投顾等领域的落地可能性。

在金融智能的应用方面，2019—2020年主要有以下三个特点。一是金融智能向综合化的方向发展，突如其来的新冠疫情，给各行各业带来前所未有的冲击。为应对疫情的冲击并能够服务社会所有阶层和群体，很多金融机构将线下业务转战线上。人工智能技术正在逐步形成金融机构的中台能力，实现金融业务的全面赋能，从而使得金融智能的应用更加广泛和深入。二是金融智能与产业数字化深度融合，金融机构结合产业的数字化进程，通过对产业链数据的挖掘，结合机器学习算法，对传统模式下难以准入的小微企业进行精准经营画像，研发新型风控体系，为小微企业提供创新融资服务，努力打破中小企业“融资难、融资贵、融资繁”的困境，同时积极探索工业互联网和智能技术的金融服务创新。三是智能化服务给金融系统带来更多挑战。随着人工智能在金融行业的落地场景不断增多，使用范围不断扩大，人工智能的应用暴露出一些问题，比如诚信问题、歧视问题、安全问题和社会问题。这些问题引发了监管机构、业界和公众对金融安全性和金融服务公平性的新关注。

项目四

云计算金融

☆ 核心目标

职业能力

1. 了解网络基础知识,包括计算机网络和云计算网络等知识;
2. 能对云计算在各行业领域中的作用有更深的认知;
3. 能根据学习需要查阅相关资料。

职业素养

形成对网络技术和数字技术较为敏感的职业思维。

☆ 知识图谱

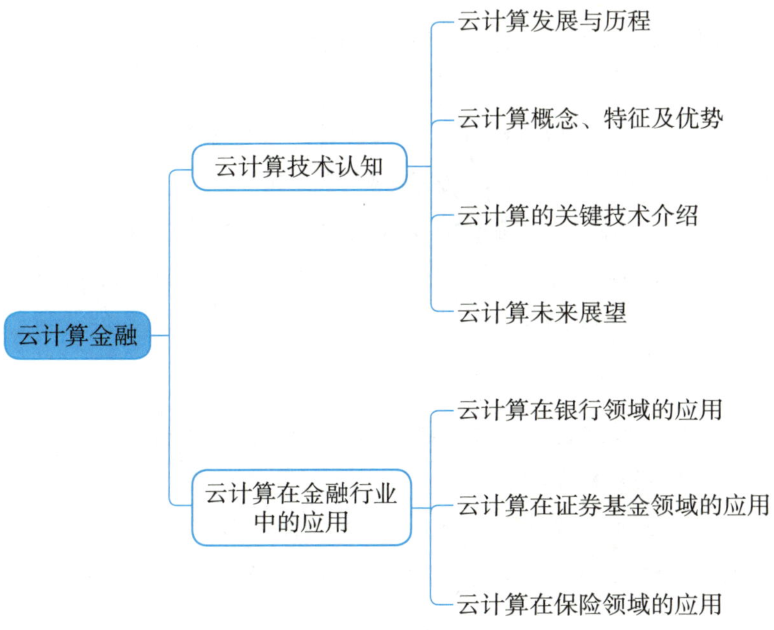

任务一 云计算技术认知

任务描述

最简单的云计算技术在网络服务中已经随处可见,例如搜索引擎、网络信箱等,使用者只要输入简单指令即能得到大量信息。未来如手机、GPS 等移动装置都可以通过云计算技术发展出更多的应用服务。

王冬冬是金融科技应用专业的学生,对云计算技术知识非常感兴趣,王冬冬认为要想进一步了解云计算技术,首先要掌握云计算技术的基础知识。

知识准备

一、云计算发展与历程

(一)云计算发展历程

2007 年 10 月,Google 与 IBM 开始在美国大学校园,包括卡内基梅隆大学、麻省理工学院、斯坦福大学、加州大学伯克利分校及马里兰大学等,推广云计算的计划,这项计划希望能降低分布式计算技术在学术研究方面的成本,并为这些大学提供相关的软硬件设备及技术支持(包括数百台个人计算机及 BladeCenter 与 System x 服务器,这些计算平台将提供 1600 个处理器,支持包括 Linux、Xen、Hadoop 等开放源代码平台)。学生则可以通过网络实施各项以大规模计算为基础的研究计划。

2008 年 1 月 30 日,Google 宣布在台湾启动"云计算学术计划",将与台湾大学、台湾交通大学等学校合作,将这种先进的大规模、快速计算技术推广到校园。

2008 年 8 月 3 日,美国专利商标局(SPTO)网站信息显示,戴尔正在申请"云计算"(cloud computing)商标,此举旨在加强对这一未来可能重塑技术架构的术语的控制权。戴尔在申请文件中称,云计算是"在数据中心和巨型规模的计算环境中,为他人提供计算机硬件定制制造"。

(二)云计算逐渐成熟

最新的数据显示,2019 年全球云上的 IT 基础设施占比超过了传统数据中心,成为市场主导者。这反映出,"企业上云"已完成从被动到主动的转变。

云计算技术的普及,让人工智能这样需要海量数据和大规模投入的前沿科技不再高不可攀。基于云计算平台使用人工智能技术,能极大降低成本,为各行各业最大程度应用人工智能技术提供可能。

与此同时，大数据、物联网、人工智能、5G 等技术的成熟与普及，也加速着云计算技术的演进，并促进云计算市场快速发展。专家介绍，云平台是大数据、物联网、人工智能、5G 这些新技术的应用基础，随着新技术的普及，对云平台的技术和服务能力必然提出更高的要求，如更大的算力支撑、更有力的安全保障。

专家表示，融合是新一代网络信息技术的重要特征。云计算、大数据、物联网、人工智能、5G 这些技术只有相互配合，才能真正发挥作用。例如，物联网产生海量数据，5G 负责传输和交换，而数据存储与计算需要云平台作为载体，人工智能也需要云平台提供算力和数据支持。其中，“5G+ 云 + 人工智能”的组合最具代表性，三者紧密融合，释放出巨大能量，进一步推动“智能制造”“智能网联车”“智慧城市”等产业的发展。

当然，对云计算来说，在与其他新技术融合的同时也面临着挑战。专家指出，5G 技术最先落地的场景，将是大带宽的应用，这也是用户体验最直接的场景，所产生的海量连接、规模效应将对云平台造成很大冲击。只有跨越了规模效应的门槛后，云计算才能更好地把技术创新转化为产品创新，并提供产业升级的整体解决方案。

随着云计算承载的业务规模越来越大，软件和硬件的结合成为刚需，用软硬件一体化技术搭建出更强壮的基础设施平台，会成为云计算发展的重要趋势。

专家指出，作为向数字化、智能化转型的重要基础设施，我国云计算产业已进入发展的关键阶段，需要进一步推动云计算、5G 等信息基础设施建设，让云计算服务的门槛越来越低，真正可以像水和电一样去使用。

二、云计算概念、特征及优势

（一）什么是云计算

云计算(cloud computing)，是分布式计算技术的一种，其最基本的概念，是通过网络将庞大的计算处理程序自动分拆成无数个较小的子程序，再交由多部服务器所组成的庞大系统经搜索、计算分析之后将处理结果回传给用户。通过这项技术，网络服务提供者可以在数秒之内处理完数以千万计甚至亿计的信息，实现和“超级计算机”同样强大效能的网络服务。

云计算是一种资源交付和使用模式，指通过网络获得应用所需的资源(包括硬件、平台、软件)。提供资源的网络被称为“云”。“云”中的资源在使用者看来是可以无限扩展的，并且可以随时获取。这种特性经常被比喻为像水电一样使用硬件资源，实现按需购买和使用。

（二）云分类

1. 公有云

当云计算概念被提出时，它显然指的就是公共云服务，客户不需要保有任何基础设施，直接像水电一样使用云计算资源就可以。但是商业的现实和技术企业的理想之间总是存在沟壑。云计算到底是技术还是服务，在很长一段时间内是缺乏共识的。

在云计算服务开启之前，很多大型企业和组织都有自己的服务器。2010 年，全球服务器市场就有 500 亿美元的规模，这些服务器大多数都卖给了企业和政府。企业拥有了这些基础设施，就无须再花钱买公共云服务。

2. 私有云

有需求就有供给。2010 年 Rackspace 和 NASA 公开了一个叫作 OpenStack 的开源项目组。它包含了一系列用于构筑云计算服务的开源软件。这意味着,所有拥有硬件基础设施的用户都可以用很低的成本来实现与亚马逊 AWS 类似的技术架构。Rackspace 是一家 IDC 公司,它这么做的动力显然是很强的。它认为只要帮助客户解决虚拟化问题,自己的主机托管生意一样可以兴旺发达。

虽然软件是开源免费的,但是要实施 OpenStack 依然需要云计算相关的专业知识。因此,从 2010 年开始,出现了很多基于 OpenStack 帮助企业建立私有云的服务商。在国内,公共云服务商甚至都提供过这类服务。十多年过去了,这股由 OpenStack 带起的私有云风潮基本告一段落。除了极少数大型用户在经济上能够承受自己维护独立的云计算平台,绝大多数用户根本无法得到经济上合理的回报。虚拟化只是云计算服务的一个技术前提,但并非所有的价值。私有云方案永远无法利用到真正的规模经济效应,除非用户根本不关切经济理性。

在中国市场,重点行业可能依然无法使用商业云服务,但是电信运营商和一些国家级的科技企业在公共云服务商的帮助下建立了各种行业云。比如移动云、联通云和电信天翼云,都是这样形成的,它们为金融、交通、教育等重点行业提供公共云服务。

3. 混合云

混合云并不是什么独特的云计算技术,它实质上是一组通信服务。只要堆上足够好的网络设备和奢侈的专线连接,世界上任何地点的计算设备都可以组成高速专网。即便客户预算有限,只要对安全性和连通性的要求没有那么高,也可以自助搭建经济的 VPN 网络。通过商业网络连接组建混合云的技术被称为 SD-WAN(软件定义广域网)。有了网络连接,就可以把客户自有的计算设施和公共云计算设施连接在一起,我们称之为“混合云”。

混合云对客户的好处是明显的。首先,每个企业都可能有云计算基础用量,但也可能有短期的激增需求。有了混合云,客户就可以围绕自己的基础用量采购自有 IT 资产,自己运营私有云,而短期波动的增量需求可以通过公共云服务满足,等需求高峰过去,就可以去掉这部分的开支。企业也可以将运维难度比较低的基础云服务保留在自己的设施内,同时使用公共云提供的复杂计算服务,比如机器学习平台等。Dropbox 是一个大规模的 SaaS 应用,它在 2016 年做了很大的架构调整,大部分的服务不再使用 AWS 平台的公共云,一举节省了 7000 万美元的年度云计算开销。

混合云策略现在已经得到了厂商和客户的双重支持,它终结了公共云和私有云非黑即白的争议,让整个 IT 产业更加务实。其间也诞生了很多商业机会。微软、亚马逊、IBM、Google 等领先的云计算厂商都推出了自己的混合云解决方案。因为混合云方案主流化,云计算厂商的竞争开始从基础云资源的成本控制向应用开发生态环境迁移。在混合云架构下,客户面临如何规划流畅的数据连接、如何快速交付云原生应用的新挑战,所以,云计算的终极竞争不是硬件的竞争,也不是软件的竞争,而是应用开发和部署(AD&D)环境的竞争。

4. 多云

多云概念是云计算市场最近几年出现的概念。它把所有的云计算平台及客户的私有云设施全部视作一般基础设施。所有的应用在所有的云上都能一致并可靠地运行。多云解决方案不仅是基础设施提供者需要协调的,更重要的是应用开发和部署要面向多云运行目标。

2013 年, Y Combinator 孵化企业 Docker Inc 开发了 Docker 项目。它成为应用跨云部署的重要前提。Docker 允许用户将复杂的应用、数据和依赖的环境,包括操作系统本身打包到一个“容器”中,通过标准的 Docker 引擎,操作系统在任何计算环境中都可以一致地运行。有了这项技术,把一个应用系统从阿里云转移到腾讯云就和传输一个文件一样简单,云和云之间已经没有边界。为什么 Windows 和 mac OS 的应用永远不兼容,而云计算厂商却眼睁睁地看着这些事情发生呢? 很简单,因为整个云计算技术生态都建立在开源软件上,亚马逊再大,它也只是一个服务提供者,收的是租金。而客户方,则越来越看重自主可控性,他们不希望被单一的云计算公司锁定,毕竟自己的客户和交易数据都运行在云计算上,这些是所有企业的命脉。

2015 年, Google 开发了 Kubernates 项目,让多云解决方案更胜一筹。K8S 能够对容器的创建、扩展等进行自动编排。这意味着无论应用多么复杂,它都能够在多云环境中进行统一运维。比如自家的某种类型存储用完了,就可以临时购买一些亚马逊的存储;数据过时了,就定期自动地转移到低价格的冷存服务中。

多云技术框架和服务的出现,意味着云计算平台必须提供广泛支持。阿里云当然希望多卖一些云主机服务,但是如果技术框架落后,客户就会流失。所以,全世界的云计算平台目前都义无反顾地支持了多云策略,希望在这个过程中继续以专业服务商的身份存在。

多云策略对应用开发者的影响也很大。首先,应用开发者必须从第一天就按照云计算环境来规划,支持多云部署,自动伸缩,采用微服务架构以实现容器部署。其次,应用开发者也能够从这样的架构中受益。因为它使得客户获得私有软件也像应用 SaaS 一样简单,唯独不同的是应用和数据运行在客户控制的计算环境中,但是软件本身是基于单一代码库(single code base)的。与云计算相关的主要有四个技术领域, Tom Siebel 把它们概括为云计算本身、大数据、人工智能和物联网。

(三)云计算如何实现随用随取

随着云计算的不断成熟,越来越多的用户尝试用“云”来解决传统线下场景存在的难题;数以万计的中小企业创业者,更是在数字化转型的关口,搭上了发往“云上”的“高速列车”。

从某种意义上,云计算已经成为像水电一样重要的基础资源。只要到云服务平台上注册一个账号,企业和个人用户就可以通过互联网方便快捷地获取所需的 IT 资源和技术,既降低成本,又满足灵活部署、高效率的业务需求。随着数字化、智能化转型深入推进,云计算正扮演着越来越重要的角色。

(四)云计算特点

云计算的兴起为组织和个人提供了许多好处,其中包括能够访问任何设备上的任何软件或资源,而无须将其安装在本地设备上。以下是一些最重要的优势和特点。

1. 灵活性

云计算其中一个主要优势是可扩展性。如果企业的业务需求增加,则可以轻松地从远程服务器扩展自己的云计算资源。因此,云计算非常适合对资源需求不断增长的企业。

2. 成本低

云计算降低了构建和维护计算基础设施的资本成本。企业可以通过云计算轻松访问任何资源，而无须运行现场数据中心或聘请 IT 专家来管理此大型基础设施。

3. 生产力高

需要现场安装的传统计算基础设施需要大量硬件设施，且管理起来十分耗时。而云计算通过消除这些耗时的任务来提高其工作效率，并使组织能够专注于它们的核心业务。

4. 表现力强

大多数云计算服务提供商会定期将服务升级到最新一代，以提高性能并提供快速高效的计算服务。这提高了共享其资源的组织的生产力。

5. 按使用付费

云计算提供商为用户提供“按需付费”服务，意味着用户只需为他使用的服务付费。这降低了组织的管理成本。

6. 安全性高

云计算为企业提供了更好的安全性，因为数据存储在云中，即使丢失了笔记本电脑，也可以从任何地方访问自己的数据和资源。此外，用户还可以轻松地从丢失的计算机中删除自己的个人数据，以便任何人都无法访问它。

7. 随时随地工作

如果用户手中有互联网连接渠道和笔记本电脑，则可以通过互联网访问云计算资源在任何位置工作。云计算服务还提供移动应用程序，以便访问智能手机上的资源。

三、云计算的关键技术介绍

云计算有三个关键技术，即虚拟化技术、分布式计算技术和并行编程模式。

1. 虚拟化技术

虚拟化技术的原理是对一台计算机的各种资源，如内存、服务器、网络、数据、软硬件等资源进行统一管理，虚拟出多台计算机。该技术能够提高资源的使用率，降低使用成本，虚拟出来的新资源不会受现有资源的物理组态以及地域的影响。

2. 分布式计算技术

分布式计算是指将一个计算量很大的大数据，分解成许多小数据以简化计算量，最后再将这些计算结果进行整合，得到最终的计算结果。分布式计算有很多的优点，用户可以最大效率地使用网络资源，对于一些比较稀有的资源，用户也能很方便地使用。分布式计算还能有效地使用系统中的计算机处理数据，通过该方式可以同时处理更多的数据，提高了运算效率。

3. 并行编程模式

通过并行编程模式，用户可以快速方便地获得云计算的各种服务，从而能够最大限度地利用各种资源，在这个过程中用户能够很清晰地了解并执行计算任务。当前受到各供应商欢迎的编程模式是 MapReduce 方式，它通过 Map(映射)和 Reduce(归约)两个函数完成海量数据的运算。

四、云计算未来展望

中国通信院在《云计算发展白皮书(2020 年)》中指出,未来十年,云计算将进入全新发展阶段,具体表现为以下六大趋势。

1. 云技术体系逐渐成熟

随着云原生的容器、微服务、无服务器等技术越来越靠近应用层,资源调度的颗粒性、业务耦合性、管理效率和效能利用率都得到了极大提高,云技术从粗放向精细转型,技术体系逐渐成熟。

2.SaaS 市场需求旺盛

国内 SaaS 服务较国外相比存在 3 ~ 5 年差距,再加上新冠疫情影响,越来越多的企业养成了使用线上应用的习惯,如疫情防控、在线教育、视频会议等都是 SaaS 服务。国内细分行业 SaaS 市场需求旺盛。

3. 计算资源部署从中心向边缘延伸

5G、物联网(IoT)和人工智能(AI)应用带来的高并发、实时性的计算要求,推动计算资源由云计算中心向网络边缘部署。这种根据应用需求合理部署计算资源的云边计算协同架构将成为云计算的主要架构。

4. 云安全从外部向原生转变

原生云安全推动安全与云深度融合,原生云安全平台将安全能力逐步从生产向开发和测试等环节延伸,融入从设计到运营的整个过程中,向用户交付更安全的云服务。原生云安全产品,则由原来的外挂逐渐转为内嵌,更多地发挥云平台的数据价值。

5. 云应用从互联网向行业生产渗透

传统行业数字化转型推动云应用从互联网向行业生产渗透,将传统信息基础设施升级为数字基础设施,实现传统行业 IT 技术架构迭代升级,带来云计算广泛应用和云化管理水平快速提升,促进云计算全面发展。

6. 云计算既是基础资源也是操作系统

云计算作为信息基础设施的一部分,不仅提供虚拟化资源,还以云原生为技术体系,构建面向全域数据高速互联的全覆盖的整体架构,全面提升算力水平。在新的基建框架中,云计算越来越多地参与基建管理调度,其发展定位将从基础资源向基建操作系统扩展。

云计算在经历了诞生、探索到蓬勃发展的十年后,将在重构云生态、回归云原生的基础上,向更高水平、更高质量和更有效益的方向发展。

课堂研讨

请总结归纳公有云、私有云、混合云、多云之间的主要区别。

拓展训练

请课后搜集在校园里或者生活中涉及云计算应用的实例。

任务二　云计算在金融行业中的应用

任务描述

王冬冬在学习了云计算的基础知识之后，发现云计算技术在很多行业都具有适用性，于是上网搜寻了相关资料，由于对金融行业有着很浓厚的兴趣，他决定探索云计算在金融行业中的哪些方面可以适用以及如何在这些方面使用。

云计算在金融中的应用

知识准备

云计算在金融行业中主要运用于银行、证券、保险等领域，在学习前需要掌握云计算基础概念，了解银行、证券、保险等领域的基础知识。

一、云计算在银行领域的应用

（一）银行基础设施云构建

银行构建基础设施云平台主要就是在云计算的基础上提供基础服务，其核心作用就是对银行内部的资源进行管控，并且实现合理的分配与管理。银行内部资源包括银行内部利用的系统、服务器、网络以及各个部门的业务应用软件，银行根据用户的使用权限，正确划分云平台的管理对象。由于银行系统处理业务的笔数较多，整体工作难度较大，借助基础设施云平台，可以充分发挥虚拟化技术的优势，不断扩大平台的信息扩容量，提高业务处理效率。基础设施云项目在建立云平台的过程中，需要保证资源的合理优化与分配，并选择正确的计算方式，保证配置的合理性。例如，在面临“双十一”网络购物活动高峰的时候，网银业务会达到一个高峰期，此时就可以借助基础设施云平台，快速处理系统业务，避免出现由于网络瘫痪导致部分会计数据丢失的问题。此外，基础设施云平台还能提供升级操作软件、调整资源等功能。根据实际的处理需求，云平台提供合理的软件组织方式，升级操作系统，做好客户端、数据库的安装工作。为了保证银行业务系统能快速地响应业务系统，云技术平台可以以用户需求与平台接受能力为核心，调节资源存储与计算资源的供应量，实现动态化控制的目标。银行利用基础设施云平台，发挥出数据复制技术的优势，快速地恢复数据，确保银行业务的安全。

（二）在线财务软件的应用

市场上有许多财务软件，但它们缺乏专业性的特点，无法满足各个企业的发展需求。由于许多财务软件都无法完成银行系统的要求，也无法及时更新系统，导致出现企业信息与银行信息无法同步的现象，容易产生一系列的资金管理风险。基于此，银行可以结合自身基本情况，推出在线财务软件，引入云计算虚拟技术，与财务管理系统进行融合。各个企业仅仅需要开通企业网络银行证书，就可以进行下一步的财务管理工作。企业在上传数据之后，银行会利用云计算平台进行集中处理，并将数据上传到银行的数据系统当中，保证企业可以不受时间与空间的限制，对资金管理、会计凭证与账户等进行管理，以此保证资金利用的安全性。

（三）云业务模式的创新

在云业务模式的创新过程中，对于银行的特约商户来说，需要对资产情况、基本信息、业务活动等进行整理与归类。特约商户主要是银行长期合作的商户，银行要将往来业务与基础信息相似的商户归结为一类，打造云服务体系，进而为商户提供增值的高质量服务。例如，借助云计算平台系统，银行能实现与特约商户的信息共享和沟通，并且对商户下方的客户资源进行把控，合理将资源引入到银行各项业务活动中，形成与下线客户的沟通与交流，以此不断增加银行的业务量，为特约商户提供良好的服务。此外，针对供应链企业来说，需要借助云计算技术，不断创新收入模式。而且，云计算技术利用多方协调管控的优势，整合供应链企业的销售信息、物流信息等，方便做好数据的统一管控工作，实现供应链企业平台与银行平台的融合，形成资金流、信息流的一体化发展，还能解决税务相关的问题，为客户提供全方位的服务，提升客户的满意度。

（四）核心业务数据处理的强化管理

银行在选择云计算供应商所提供产品的同时，务必要对数据保护情况、安全运行机制以及数据保护情况进行综合性分析，确保未接受授权的用户不能登录到财务信息系统中，保证数据信息的安全性。在此基础上，借助加密、指纹识别等技术，银行还可以为其内部的财务信息系统设置权限，以特殊的识别方式提升数据的安全性。最后，做好财务数据等级的区分工作十分重要。针对核心的财务数据来说，银行可以先将非核心数据上传到云平台，经过检验确认无误后再上传核心数据。当然，为了保证银行财务信息的安全性，还不能仅仅依赖于云计算技术，还要不断强化管理力度，做好数据的备份工作，以此保证核心业务数据的安全性。

（五）财会信息云存储的安全防控

由于云计算构成的虚拟数据库较为庞大，具有动态性的特点，数据在使用与传输的过程中容易受到不同程度的破坏。因此，做好云存储的安全防控工作十分重要。云计算会计信息化平台在构建的过程中，需要针对不同身份的使用人员设置多元化的访问权限。如果是财务管理人员，可以直接上传或查询核心数据。而对于普通的会计人员来说，需要得到上级领导的授权才能查询数据并利用。此外，云计算供应商需要引入密钥管理与安全防控的工作，对企业存放在云平台中的数据信息进行处理，以此保证信息存储的安全性。最后，云计算供应商要以虚拟化技术为基础，做好一系列的安全防控工作，建立虚拟的安全墙，对数据使用的全过程进行控制，保证数据的安全性。

二、云计算在证券基金领域的应用

（一）虚拟化技术的核心理论

当前证券行业一个迫切的需求是构建一个证券行业综合云平台，给投资者或使用者提供一个公平公正的基于云计算的证券投资环境。证券云服务平台的主要服务模块包括以下几项：WAP 网站、网上营业厅、客户移动终端、信息发布管理平台、客户经理营销平台、投资顾问服务平台、咨询平台、运营管理平台和运行监控平台。证券云服务平台主要作用是形成一个统一的数据存储及挖掘平台,减少数据之间的异构性和跨平台性,利用统一的存储中心对数据进行挖掘和分析,增加券商之间的沟通。证券云服务平台的服务水平和层次不同,其底层虚拟化的实现技术各异,云计算中的数据中心为平台提供了大规模资源。按需分配(虚拟化技术)是证券云服务平台的核心技术。虚拟化技术作为计算的核心,也是基础设施层的重要组成部分,其核心理论主要表现为如下四个层次:

1. 基础设施层

依托于互联网,通过封装不同地点上分布的物理机器,形成一个大规模的数据中心。

2. 虚拟化层

基于底层大量的物理资源存储、计算等虚拟化资源池,利用虚拟化技术可以实现云计算平台资源的动态管理、按需分配。

3. 服务层

根据 SLA 保证的虚拟化资源统一管理,提供具有云计算服务的资源;解决的问题主要包括服务所要调用的特定虚拟资源、平台环境的配置、物理资源最优化分配等方面。

4. 服务管理层

证券行业的主要应用包括请求分派、用户认证、资源实时生命周期管理、请求管理、计费管理,及面向各种应用的资源分派等一系列证券云服务管理功能。

(二)云计算技术在证券行业的实现方式

1. 虚拟化和私有云

虚拟化是私有云建设的重要环节。在充分考虑了虚拟化软件、服务器、网络和存储的技术细节以及公司实际业务需要的情况下,可以考虑对证券非核心交易系统进行虚拟化应用,这应该是当前较为可行的方案。目前已经有多家券商进行了虚拟化应用,虽然短期投入的软件费用较高,但是从长远来看,节省的电力费、空调费、机房空间是十分可观的。虚拟化也不等同于实现了云计算,基础架构的虚拟化只是实现基础架构即服务(IaaS)的一种方式,只是实现了基础架构的资源池化,如果能以某种方式,实现了中间件、数据库、服务甚至应用的资源池化,再加上为用户提供按需自服务的界面,并能够提供可衡量(计费)的服务,用户就可以通过网络灵活地访问使用,此时可以认为是实现了平台即服务(PaaS)或者软件即服务(SaaS)。所以,平台软件虚拟化、服务虚拟化等一系列工作还需要继续完善,才能逐步向云计算平台推进。很多企业用户,特别是金融业用户,都能够逐步接受云计算的理念,开始着手规划在企业内部的私有云。证券公司由于自身行业发展的特点,信息系统体系架构存在较大的滞后性,各信息系统之间相对独立,已不太适应目前以大数据为背景的全方位客户服务的需要。证券公司利用云计算模式,搭建基于 IaaS 的物理集成平台,对各类服务器基础设施应用进行集成,形成能够高度复用与统一管理的 IT 资源池,对外提供统一硬件资源服务,同时在信息系统整合方面,建立基于 PaaS 的系统整合平台,以实现各异构系统间的互联互通。目前,众多证券公司已在虚拟化方面做了有益的探索和实践。

2. 大数据的云存储

云存储是在云计算(cloud computing)概念上延伸和发展出来的一个新的概念,是指通过集群应用、网格技术或分布式文件系统等,将网络中大量各种不同类型的存储设备通过应用软件集合起来协同工作,共同对外提供数据存储和业务访问功能的一个系统。当云计算系统运算和处理的核心是大量数据的存储和管理时,云计算系统中就需要配置大量的存储设备,那么云计算系统就转变为一个云存储系统,所以云存储是一个以数据存储和管理为核心的云计算系统。首先,云计算技术可应用于客户大数据存储:证券公司的服务核心为客户服务,搜集、挖掘、利用客户数据的能力是体现证券公司客户服务水平和盈利能力的重要标志。目前,证券公司客户资料包括开户信息、交易数据等,一般都分散在集中交易、CRM、CIF、网站、资管、电商、呼叫中心等系统中,云存储技术将完全打通各系统之间的信息交互的限制,将完整客户信息(包括各类产品交易数据、基本信息、开户信息、上网行为、交互信息等一系列与客户相关的可用信息)进行统一搜集并存放,并进一步深度挖掘,证券公司客户服务人员通过 Web 客户端以及各种移动终端结合微博、微信、新闻 App 等方式为客户提供全方位的、精确的、有效的客户服务。其次,云计算技术可应用于市场行情回放:证券市场交易行为具有瞬息万变的特点,投资者经常对市场行情的变化无法作出准确的判断,希望对市场交易数据进行重新评估,希望重演市场交易,看看到底发生了什么。这需要证券交易所等机构提供一种“市场回放”的工具,通过 Web2.0 和云计算技术,大大降低了存储数据、发放数据和处理数据的成本,为专业投资者减少了分析市场数据的成本。NASDAQ 通过 Amazon 云存储,使用 Adobe Flex 和 Adobe AIR 来构造客户端,实现了市场回放服务。

3. 券商联盟云

证券公司除了建设自己的私有云,还可以通过券商联盟云的方式共同建立联盟云,多个证券公司之间便可实现技术以及业务的共享,避免各自部署一套,以减少重复建设,节省费用。券商联盟云的安全性不同于公共云,在参与各方良好协作的基础上,数据库并不暴露于公共网络,在一定范围内由业内权威人士掌握,可认为是比较安全的。这种券商联盟云可以推广为全证券行业,即由证券行政主管单位或者证券行业协会来组织建设面对整个证券行业进行服务的证券行业云。

它有以下优点:

(1) 由行政主管单位或者行业协会主导,比较容易执行统一的标准,有权威性。

(2) 可以共享行业内的资源,比较容易借鉴到同行的先进经验。

(3) 人力资源相对丰富,开发维护起来较方便。

(4) 规模效应可以体现,服务价格或运行维护费用可能相对低廉。

(5) 不必担心公共云所具有的安全风险。

具体来说,可以通过监管机关、交易所、登记结算公司等机构来牵头,组织建设整个证券行业的云计算。券商联盟云或者证券行业云可从电话交易云、行情揭示云、建设测试云、灾备云等方面切入。作为信息技术未来发展的趋势,云计算在证券行业将具有很大的发展潜力,其应用过程也将有一个逐步落地的过程。证券行业建设云计算需要证券公司、监管部门和行业组织的参与,共同制定行业标准和规章制度,从而促进云计算的逐步应用和普及。

三、云计算在保险领域的应用

在电子信息化技术得到高速发展的当下，众多行业也都借此机遇进入了快速发展的浪潮，伴随着一种新型计算方式——“云计算”的出现，这股发展的浪潮再一次进入了高速轨道。众多国际重要行业都因此受益，其中最为突出的当属保险行业。在我国，保险行业虽起步较晚，但依托于强大“云计算”的功能，我国的保险业也已初步发展成为可以与国际市场相抗衡的发达行业。但是对于资金流动与运作构架相当复杂的保险业而言，并不是所有的云计算方式与功能都适用，所以，制定一套适合于我国保险业发展的云计算系统就显得尤为重要，这不但可以在很大程度上减少保险公司的人力资源投入，甚至还可以节约公司的资金投入，为公司的发展注入强劲动力。

（一）精算需求

在保险业的相关领域，纷繁复杂的数据计算是该行业的核心运作力。保险业对于计算机的运算能力要求远远高于其他行业，这也是该行业如此依赖于云计算的原因。在保险行业，许多不可预计的变量都是保险运算中时常需要去考虑的因素，任何一种因素的引入，都会引起原先所有计算数据的改变，一般的计算机根本无法支撑如此庞大的数据变动，此时，云计算便可以依托其庞大的计算网络来完成保险计算的所有任务与目标。

（二）人力资源管理

保险行业是一个渗透性与分散性都相当高的特殊行业，这种行业的特殊性也就使得保险行业的人力资源管理模式更为复杂多变。

（三）数据挖掘

对于保险行业而言，客户资料与公司运作信息都是极为宝贵的投资性资源，如何在这些复杂凌乱的信息库中筛查出符合公司需求的重要信息，就是保险行业间竞争的核心动力。面对保险业的庞大数据资源，一般的计算机技术已无力支撑如此烦琐的计算工序，此时高效快捷的计算方式便成为决定公司发展的直接动力。

（四）信息安全

面对如今竞争日益激烈的保险行业，企业想要在未来得到发展，就必须将自身运作的模式与公司所收集的资源严格保护起来，防止外泄。基于该模式下的保护措施同样对计算机提出了很高的要求。

（五）网络会议

保险公司在其发展运作中，一般都会以总部为中心设立众多分部来扶持公司的正常运营，这些部门间的信息传递与资源交流便成为考验公司整体技术水平的重要指标，同时也是公司日常运作的基本需求。

（六）协作办公

一种业务的办理不是一个职能部门单独就可以完成的，对于保险业这种数据化相对复杂的工乍就更需要众多职能部门间的通力合作，将复杂的数据处理分解为众多单元，交由各个部门依次完成。其中，对于各个部门之间的工作传达与数据整合交换的管理，就需要计算能力更高的计算机来担当负责。

综上所述，对于保险业而言，众多领域都需要一种像云计算这样的先进计算方式来支撑企业正常运作。

课堂研讨

1. 企业运用云计算可以减少哪些工作的任务量?
2. 大数据与云计算之间有什么关系?

拓展训练

查询与云计算相关的四大领域（云计算本身、大数据、人工智能和物联网）的相关知识。

拓展阅读

国务院关于促进云计算创新发展培育信息产业新业态的意见（节选）

国发〔2015〕5号

各省、自治区、直辖市人民政府，国务院各部委、各直属机构：

云计算是推动信息技术能力实现按需供给、促进信息技术和数据资源充分利用的全新业态，是信息化发展的重大变革和必然趋势。发展云计算，有利于分享信息知识和创新资源，降低全社会创业成本，培育形成新产业和新消费热点，对稳增长、调结构、惠民生和建设创新型国家具有重要意义。当前，全球云计算处于发展初期，我国面临难得的机遇，但也存在服务能力较薄弱、核心技术差距较大、信息资源开放共享不够、信息安全挑战突出等问题，重建设轻应用、数据中心无序发展苗头初步显现。为促进我国云计算创新发展，积极培育信息产业新业态，现提出以下意见。

一、指导思想、基本原则和发展目标

（一）指导思想。

适应推进新型工业化、信息化、城镇化、农业现代化和国家治理能力现代化的需要，以全面深化改革为动力，以提升能力、深化应用为主线，完善发展环境，培育骨干企业，创新服务模式，扩展应用领域，强化技术支撑，保障信息安全，优化设施布局，促进云计算创新发展，培育信息产业新业态，使信息资源得到高效利用，为促进创业兴业、释放创新活力提供有力支持，为经济社会持续健康发展注入新的动力。

（二）基本原则。

市场主导。发挥市场在资源配置中的决定性作用，完善市场准入制度，减少行政干预，鼓励企业根据市场需求丰富服务种类，提升服务能力，对接应用市场。建立公平开放透明的市场规则，完善监管政策，维护良好市场秩序。

统筹协调。以需求为牵引，加强分类指导，推进重点领域的应用、服务和产品协同发展。引导地方根据实际需求合理确定云计算发展定位，避免政府资金盲目投资建设数据中心和相关园区。加强信息技术资源整合，避免行业信息化系统成为信息孤岛。优化云计算基础设施布局，促进区域协调发展。

创新驱动。以企业为主体，加强产学研用合作，强化云计算关键技术和服务模式创新，提升自主创新能力。积极探索加强国际合作，推动云计算开放式创新和国际化发展。加强管理创新，鼓励新业态发展。

保障安全。在现有信息安全保障体系基础上，结合云计算特点完善相关信息安全制度，强化安全管理和数据隐私保护，增强安全技术支撑和服务能力，建立健全安全防护体系，切实保障云计算信息安全。充分运用云计算的大数据处理能力，带动相关安全技术和服务发展。

（三）发展目标。

到 2017 年，云计算在重点领域的应用得到深化，产业链条基本健全，初步形成安全保障有力，服务创新、技术创新和管理创新协同推进的云计算发展格局，带动相关产业快速发展。

服务能力大幅提升。形成若干具有较强创新能力的公共云计算骨干服务企业。面向中小微企业和个人的云计算服务种类丰富，实现规模化运营。云计算系统集成能力显著提升。

创新能力明显增强。增强原始创新和基础创新能力，突破云计算平台软件、艾字节(EB，约为 2^{60} 字节）级云存储系统、大数据挖掘分析等一批关键技术与产品，云计算技术接近国际先进水平，云计算标准体系基本建立。服务创新对技术创新的带动作用显著增强，产学研用协同发展水平大幅提高。

应用示范成效显著。在社会效益明显、产业带动性强、示范作用突出的若干重点领域推动公共数据开放、信息技术资源整合和政府采购服务改革，充分利用公共云计算服务资源开展百项云计算和大数据应用示范工程，在降低创业门槛、服务民生、培育新业态、探索电子政务建设新模式等方面取得积极成效，政府自建数据中心数量减少 5% 以上。

基础设施不断优化。云计算数据中心区域布局初步优化，新建大型云计算数据中心能源利用效率(PUE)值优于 1.5。宽带发展政策环境逐步完善，初步建成满足云计算发展需求的宽带网络基础设施。

安全保障基本健全。初步建立适应云计算发展需求的信息安全监管制度和标准规范体系，云计算安全关键技术产品的产业化水平和网络安全防护能力明显提升，云计算发展环境更加安全可靠。

到 2020 年，云计算应用基本普及，云计算服务能力达到国际先进水平，掌握云计算关键技术，形成若干具有较强国际竞争力的云计算骨干企业。云计算信息安全监管体系和法规体系健全。大数据挖掘分析能力显著提升。云计算成为我国信息化重要形态和建设网络强国的重要支撑，推动经济社会各领域信息化水平大幅提高。

项目五

区块链金融

☆ 核心目标

职业能力

1. 认识区块链的定义、起源和特征；
2. 理解区块链基础技术；
3. 理解区块链在金融创新中的应用。

职业素养

1. 能够结合区块链技术的应用场景与客户进行沟通；
2. 能够运用区块链技术分析并解决金融业务中的实际问题；
3. 能够运用区块链技术原理进行金融产品或服务的设计和操作。

☆ 知识图谱

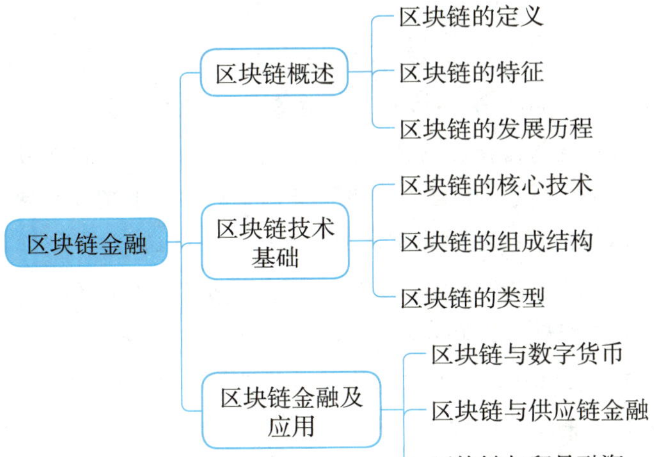

任务一　区块链概述

任务描述

2019 年 10 月，中共中央政治局就区块链技术发展现状和趋势进行第十八次集体学习，习近平总书记在主持学习时强调，要加快推动区块链技术和产业创新发展，积极推进区块链和经济社会融合发展。

王冬冬也希望了解区块链技术的基础知识。

知识准备

一、区块链的定义

区块链是比特币的基础支撑技术，首次出现在中本聪(Satoshi Nakamoto)发表的《比特币：一种点对点式的电子现金系统》中，文中详细描述了如何建立一套全新的、去中心化的、不需要信任基础的点到点交易体系的方法。

区块链是一种按照时间顺序将数据区块用类似链表的方式组成的数据结构，可以构成以密码学方式保证不可篡改和不可伪造的分布式去中心化账本，能够安全存储简单的、有先后关系的、能在系统内进行验证的数据。区块链涉及数学、密码学、互联网和计算机编程等很多科学技术，让参与系统中的任意多个节点，通过一串使用密码学方法产生的数据块进行信息存储，每个数据块中包含一定时间内的系统全部数据，并且生成哈希指针用于验证其信息的有效性和链接下一个数据块。

知识链接

拜占庭将军问题

拜占庭帝国 (Byzantine Empire) 为了防御目的，在帝国的周边部署了防御军队，每支军队都由各自的将军指挥。将军们只能通过信使相互沟通。在观察敌情之后，他们必须制定一个共同的行动计划，如进攻 (attack) 或者撤退 (retreat)，且只有当半数以上的将军共同发起进攻时才能取得胜利。然而，其中一些将军可能是叛徒，试图阻止忠诚的将军达成一致的行动计划。更糟糕的是，负责消息传递的信使也可能是叛徒，他们可能篡改或伪造消息，也可能丢失消息。这就是拜占庭将军问题(Byzantine failures)，它是由莱斯利 · 兰伯特提出的点对点通信中的基本问题，其含义是在存在消息丢失的不可靠信道上试图通过消息传递的方式达到一致性是不可能的。

拜占庭将军问题通过区块链的设计或许可以解决。区块链使用“工作量证明”及“权益证明”或其他的共识机制，再加上加密技术，使一个不可信网络变成可信的网络，所有参与者可以在某些方面达成一致，而无须信任单个节点。

区块链的创设有效地解决了信任和安全问题，具有去中心化、网络健壮、灵活性强、安全可信等特点。首先，区块链采用纯数学的方法建立分布式节点间的信任关系，形成去中心化的可信分布式系统，产生交易、验证交易、记录交易信息、进行同步等活动均是基于分布式网络完成的。其次，区块链采用独特的经济激励机制来吸引节点完成工作（如挖矿），促使节点提供算力或其他资源，保证整个分布式网络的顺利运行。整个分布式网络所容纳的节点越多，其健壮性越强，除非一半以上的节点同时出现问题，否则分布式网络将会一直安全运行。再次，区块链提供用户可编程的脚本系统，大大增加了区块链应用的灵活性。在比特币中，脚本不是很成熟，多用于交易；而在以太坊(ethereum)中，更加完备、功能更加强大的脚本系统智能合约，使更为复杂更为高级的分布式应用得以实现。最后，区块链的安全性是由加密技术保证的，整个分布式网络所提供的算力是非常惊人的，想要篡改区块链中的数据，虽然在理论上可行，但所花费的电力、设备等成本是得不偿失的。

下面通过描述比特币的工作过程来一窥区块链的全貌。比特币网络的全节点无时无刻不在进行数学运算（挖矿、工作量证明），每个节点贡献自己的算力来竞争解决一个动态可调整的数学问题（进行 SHA256 运算的结果小于某个值），成功解决该数学问题的节点将获得一定数量的比特币以及该区块的记账权，该节点将当前时间段的所有交易打包计入一个新的区块，获得基于自愿原则的交易手续费，所有的交易都会经过算法处理(SHA256)，并且经过验证，产生一定格式的区块（按一定格式计算出的包含前一区块信息的块头，由树形结构组织的交易数据构成块体），最后将该区块链接到主链上。整个比特币网络周而复始，比特币网络顺利运行。“挖矿”是所有节点通过数学运算达成共识的过程，由于非对称算法 SHA256 的性质，理论上保证记账权获得的随机性。一笔交易数据经全部节点验证通过后，进行 SHA256 运算，与其他交易两两匹配，再进行 SHA256 运算，直到最后剩下一个“树根”，矿工将上一区块的散列值(SHA256 运算结果)、时间戳、本区块的计算难度值、一个随机数和本区块的“树根”（Merkle 树根）打包成块头，加上“交易树”（Merkletree）作为块体，形成完整的区块添加到区块链上。由于每个区块都带有前一区块的特征，想要篡改一个区块的交易记录，必须要重新计算该块之后的所有区块，所需要修改的区块越靠前，所花费的算力越大，一般来说，一个区块后面有 6 个区块，就无法被修改了（根据比特币网络算力以及现有计算设备综合考虑）。

二、区块链的特征

（一）去中心化

区块链是由众多节点组成的一个端到端的分布式存储和计算的网络，不存在中心化的管理机构，任意节点都拥有相同的权利和义务，任意节点停止工作都不会影响整体的运作；采用纯数学方法代替原来的中心机构，系统中的数据块由整个系统中的节点来共同维护。在区块链当中，由于是无数个节点通过竞争来获得记账权的，因此单一节点的错误也不能够影响整个系统的运行。

（二）开放性

区块链技术基础是开源的，区块链的数据对所有人开放，任何人都可以通过公开的接口查询区块链数据和开发相关应用，因此整个系统信息高度透明。但交易各方都是互相匿名的，因此也保证了信息的安全性。

（三）独立性

区块链是去中心化的，整个区块链系统不依赖其他第三方，而是基于协商一致的规范和协议（类似比特币采用的哈希算法等各种数学算法），所有节点能够在系统内自动安全地验证、交换数据，不需要任何人为的干预。

（四）不可篡改性

一旦信息被记录在区块中，那么其他节点便无法更改已经保存在区块中的信息，除非某一节点拥有超过百分之五十的算力来编写新的信息作弊。当一个交易被记录在一个区块当中的时候，只有连续 5 个区块都确认这笔交易，这笔交易才算是确定下来。由于 6 个区块都确认这笔交易，除非一个节点拥有超过 51% 的算力，那么这个节点很难重新伪造新的区块，而且在区块链当中，系统设定最长链为主链，因此这个节点也不可能不断伪造新的区块来赶上主链。

（五）匿名性

区块链中交易各方都是互相匿名的，节点之间遵循固定的交换算法，其数据交互是无须信任的（区块链系统中的程序规则会自行判断活动是否有效），因此交易对手无须通过公开身份的方式让对方对自己产生信任。

三、区块链的发展历程

自 2008 年中本聪第一次提出区块链的概念以来，区块链的发展大致经历了三个阶段，如图 5-1 所示。

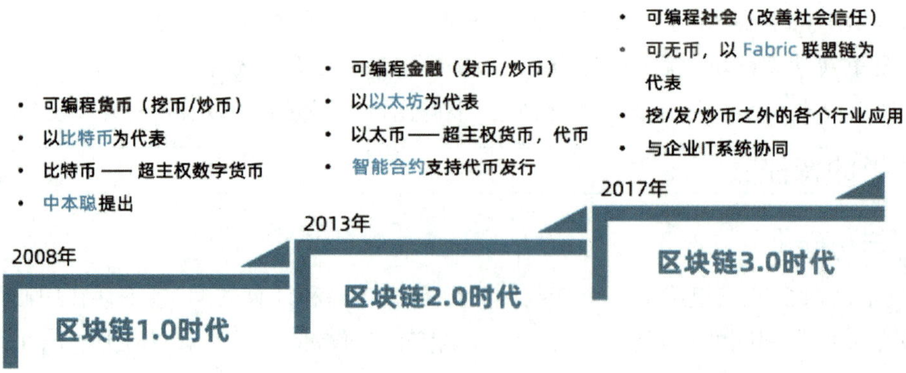

图 5-1　区块链的发展历程

（一）区块链1.0

区块链 1.0 阶段是以比特币为代表的数字货币应用阶段，其核心是数字货币，能够履行支付、流通等货币职能。区块链 1.0 主要提供去中心化的数字货币和支付平台的功能，其基本架构如图 5-2 所示。

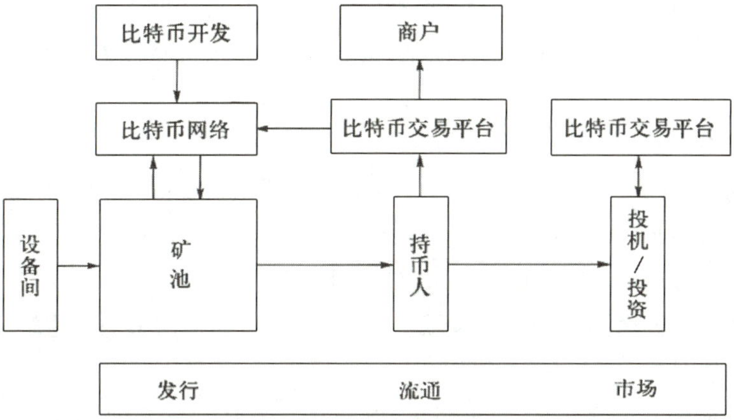

图 5-2　区块链 1.0 的基本结构

在区块链 1.0 阶段，区块链技术诞生了，被赋予了货币职能的数字货币也被创造出来。区块链 1.0 解决了安全和信任两大问题，第一次使得价值可以在互联网中直接流通。价值能够在不需要可信任的中间人的情况下安全完成交易。比特币是最早出现的，也是目前为止规模最大的加密货币，它是区块链 1.0 阶段的重要应用。区块链是比特币的底层技术，随着比特币等数字货币的发展，区块链逐渐走到市场的前端。

区块链 1.0 存在较大的局限性，例如，比特币的区块大小被限制为 1 MB，导致在交易频次越来越高、人们需求越来越多的情况下，转账速度变得越来越慢。这个问题可以通过扩容来解决，所以之后出现了比特币现金、比特币黄金和比特币钻石等。另外，区块链只支持数字货币的交易和支付功能，使得比特币不能广泛用于人们的日常生活之中，给人们带来的益处有限，因此区块链的概念也难以深入人心。

（二）区块链2.0

区块链 2.0 阶段是数字货币和智能合约相结合的阶段，它在金融领域有着场景更广泛和流程更优化的特征。区块链 2.0 与区块链 1.0 最大的不同之处在于有了智能合约。智能合约是 20 世纪 90 年代由加密货币的先驱尼克 · 萨博提出的理念，几乎与互联网同龄。由于缺少可信的执行环境，当时智能合约并没有应用到实际产业中。比特币诞生后，人们认识到比特币的底层技术区块链可以为智能合约提供可信的执行环境。所谓智能合约，是指以数字化形式定义的一系列承诺，包括合约参与方可以在上面执行这些承诺的协议。智能合约一旦设立，就能够无须中介参与自动执行，并且没有人可以阻止它的运行。也就是说，通过智能合约建立起来的合约同时具备两个功能：一个是作为现实产生的合同；另一个是作为不需要第三方的、去中心化的公正且具有超强行动力的执行者。

区块链技术通过构建分布式账本来实现智能合约。构成智能合约的代码可以作为条目的一部分添加到区块链 2.0 的应用程序中。智能合约可以避免第三方中介机构的服务，因为区块链是一种以几乎无法伪造或篡改的方式构建而成的数据库。此外，智能合约可以低成本地实现多重签名功能。

可以将基于区块链的智能合约的定义概括为:“一段代码(智能合约),被部署到共享的、复制的分布式账本上,它可以维持自己的状态,控制自己的资产以及对接收到的外界信息或资产进行响应。”

(三)区块链 3.0

随着科学技术的进步,区块链技术也在不断升级和发展,区块链 3.0 逐渐进入了人们的视野。区块链 3.0 是价值互联网的内核,能够对互联网中的每一个代表价值的信息和字节进行产权确认、计量和存储,从而使得资产在区块链上可被追踪、控制和交易。区块链 3.0 是区块链技术在社会领域的应用,它将区块链技术拓展到金融领域之外,为各个行业提供去中心化解决方案,从而构建一个“可编程社会”。

区块链 3.0 的应用从金融领域扩展至社会领域。它主要应用于社会治理领域,包括身份认证、公证、仲裁、审计、物流、医疗、签证、投票等领域,其应用范围扩大到了整个社会。区块链技术可以解决安全和信任问题,提高整个系统的运转效率,有可能成为“万物互联”的一种底层协议。

区块链主要有数字货币、数据存储、数据鉴证、金融交易、资产管理和选举投票等应用场景。

1. 数字货币

以比特币为代表,其本质上是由分布式网络系统生成的数字货币,其发行过程不依赖特定的中心机构。

2. 数据存储

区块链的高冗余存储、去中心化、高安全性和隐私保护等特点使得它特别适合于存储和保护重要的隐私数据,以避免因中心机构遭受攻击或权限管理不当而造成大规模数据丢失或泄露。

3. 数据鉴证

区块链数据带有时间戳、由共识节点共同验证和记录、不可篡改和伪造,这些特点使得区块链可以广泛应用于各类数据公证和审计场景。例如,区块链可以永久地安全存储由政府机构核发的各类许可证、登记表、执照、证明、认证和记录等。

4. 金融交易

区块链与金融市场有非常高的契合度。区块链可以在去中心化系统中自发地产生信用,从而建立起无中心机构信用背书的金融市场,在很大程度上实现了“金融脱媒”;同时利用区块链自动化智能合约和可编程的特点,极大地降低了成本和提高了效率。

5. 资产管理

区块链能够实现有形和无形资产的确权、授权和实时监控。在无形资产管理方面,它可以广泛地应用于知识产权保护、域名管理、积分管理等领域;在有形资产管理方面,它可以结合物联网技术形成“数字智能资产”,实现基于区块链的分布式授权与控制。

6. 选举投票

区块链可以低成本、高效率地实现政治选举、企业股东投票等应用。同时区块链也支持用户个体对特定议题的投票。例如,通过记录用户对特定事件的投票行为,可以将区块链应用于博彩、预测市场等场景,也可以实现大规模用户众包设计产品的“社会制造”等。

课堂研讨

举例说明区块链对人们日常生活的影响。

拓展训练

1. 简述区块链的概念。
2. 简述区块链的特点。

任务二　区块链技术基础

区块链技术基础

任务描述

区块链涉及数学、密码学、互联网和计算机编程等很多科学技术，为了更好地掌握区块链的应用，王冬冬希望进一步了解区块链运行的基本原理。

知识准备

一、区块链的核心技术

（一）分布式账本

分布式账本的交易记账过程由分布在不同地方的多个节点共同完成，而且每个节点记录的是完整的账目，因此它们都可以参与监督交易的合法性，同时也可以共同为交易作证。

与传统的分布式存储有所不同，区块链的分布式存储的独特性主要体现在两个方面：一是区块链每个节点都按照块链式结构存储完整的数据，传统分布式存储一般是将数据按照一定的规则分成多份进行存储的。二是区块链每个节点的存储都是独立的、地位等同的，依靠共识机制保证存储的一致性，而传统分布式存储一般是通过中心节点往其他备份节点同步数据的。

区块链由于没有任何一个节点可以单独记录账本数据，从而避免了单一记账人记假账的可能性。由于记账节点足够多，从理论上讲，除非所有的节点被破坏，否则账目就不会丢失，从而保证了账目数据的安全性。

（二）非对称加密

存储在区块链上的交易信息是公开的，但是账户身份信息是高度加密的，只有在数据拥有者授权的情况下才能访问，从而保证了数据的安全和个人的隐私。密码体制就是完成加密和解密功能的密码方案，密码体制可分为两大类，即对称加密体制和非对称加密体制。区块链采用的是非对称加密机制。非对称加密是一种保证区块链安全的基础技术，其私钥和公钥根据不同的算法得出，即，首先按某种密钥生成算法计算得出私钥，然后再采用另一个算法根据私钥生成公钥，公钥的生成过程不可逆。由于在现有的计算能力条件下难以通过公钥来穷举出私钥（即计算上不可行），因此可以认为数据是安全的，从而能够保证区块链的数据安全。

（三）共识机制

共识机制就是所有记账节点之间怎么达成共识，去认定一个记录的有效性。这既是认定的手段，也是防止篡改的手段。区块链提出了四种不同的共识机制，适用于不同的应用场景，在效率和安全性之间取得平衡。

区块链的共识机制具备“少数服从多数”以及“人人平等”的特点，其中“少数服从多数”并不完全指节点个数，也可以是计算能力、股权数或者其他的计算机可以比较的特征量。“人人平等”是当节点满足条件时，所有节点都有权优先提出共识结果，被其他节点认同后就能成为最终共识结果。以比特币为例，它采用的是工作量证明，只有在控制了全网超过 51% 的记账节点的情况下，才有可能伪造出一条不存在的记录。当加入区块链的节点足够多的时候，控制全网超过 51% 的记账节点基本上成为不可能，从而杜绝了造假。

（四）智能合约

智能合约是一种旨在以信息化方式传播、验证或执行合同的计算机协议。智能合约基于可信的、不可篡改的数据，使得一些预先定义好的规则和条款可以自动化地执行。智能合约允许在没有第三方的情况下进行可信交易，这些交易可追踪且不可逆转。将智能合约以数字化的形式写入区块链中，由区块链技术的特性保障存储、读取、执行整个过程透明可追踪、不可篡改。同时，由区块链自带的共识算法构建出一套状态机系统，使得智能合约能够高效地运行。以保险为例，如果被保险人的信息（包括医疗信息和风险发生的信息）都是真实可信的，那么一些标准化的保险产品就很容易实现自动化理赔。可见，利用区块链技术，从数据管理的角度切入，能够有效地帮助保险公司提高风险管理能力。

二、区块链的组成结构

（一）区块

区块是一种数据结构容器，是区块链的基本数据单元，它记录区块生成时间段内的交易数据，交易数据通过区块(block)永久记录在区块链网络上，并且每一笔交易记录都会有时间戳标记。新的区块会被添加到记录（区块链）的末端，而且一旦书写就很难修改或移除。

每个区块均包含三个要素：①本区块的 ID；②若干交易单；③前一个区块的 ID。

区块由区块头及区块体两部分组成，区块头里存储着区块的头信息，包含前序区块的哈希值(prehash)、本区块体的哈希值(hash)、时间戳(time stamp)、难度(difficulty)的目标值、随机数(nonce)以及默克尔根(Magic number)等。

（二）区块链的组成

区块链(block chain)是由一个个区块(block)组成的。从技术上来讲，区块链是由一串使用密码学方法产生的数据块组成的，每一个区块都包含了上一个区块的哈希值(hash)，从创始区块(genesis block)开始链接到当前区块，形成块链，所有区块有序链接起来以汇聚成一本“总账”，而每个区块可被看作总账中的一页。

在比特币系统中，每隔 10 分钟创建一个区块，这个区块记录了这段时间内发生的所有交易。同时，每个区块包含着前一个区块的 ID，因此便可根据此 ID 找到上一个区块。以此类推，追踪到起始区块，从而可以生成一个完整的交易链条，形成区块链，如图 5–3 所示。

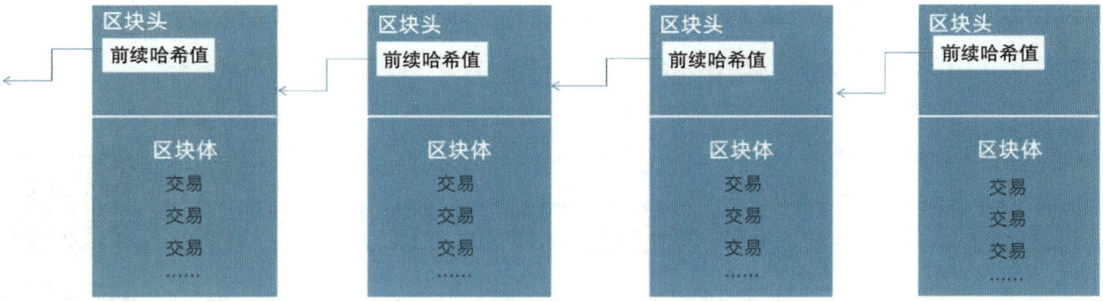

图 5–3　区块链的形成

三、区块链的类型

区块链按照参与主体的方式分为公有链、联盟链和私有链三大类。

（一）公有链

公有链是任何活动主体（通常是个人）不需要获得专门授权，也不需要把真实身份做任何映射，就可以直接通过账本完成的透明的自治性区块链。全球接入互联网的任何人都可读取、可参与其中的区块链活动，活动主体在链上的活动行为是完全公开的，既不受任何人控制，也不归任何人所有，属于“完全去中心化”的区块链。

（二）联盟链

联盟链只针对特定群体的成员和有限的第三方，他们通过授权后能够加入、运维或退出区块链网络。联盟链通过控制节点数目和采用相应共识算法以实现降低成本、提升效率等主要目标，所以适用于不同实体间的交易、结算等 B2B 场景。联盟链通常由行业机构、企业和政府组织发起、建立和运维，可理解为“企业间的分布式数据库”。未授权的个人节点在联盟链中只有交易权，没有记账权等其他高等运维权限。

（三）私有链

私有链中所有接入链上的节点都被中心控制节点规定和授权，运维权限也由少数或一个中心控制节点所有。相比公有链，私有链最大的优点是极快的交易速度、更好的隐私保护、更低的交易成本、不容易被恶意攻击、容易实现身份认证等，所以常见于大型组织机构内部基于区块链技术开发的内部系统或网络，特别是大型金融机构。

由此可见，联盟链和私有链的应用是为交易节点和运维节点制定准入制度、身份认证、有限的隐私保护等标准。本质上，在公有链的基础上削弱参与共识机制的开放性，局限到指定的少数个体就成了联盟链，进一步削弱读取权限上的开放性就成了私有链。从节点是否需要许可的角度来看，联盟链和私有链属于许可链，公有链属于自由链。

课堂研讨

查询资料,说一说区块链是如何做到防篡改这一特性的。

拓展训练

1. 简述区块与区块链的关系。
2. 分析比较公有链、联盟链、私有链。

任务三 区块链金融及应用

区块链金融及应用

任务描述

区块链技术首先在金融领域得到应用,对金融业基础设施建设产生了变革性影响,也促进了金融创新。王冬冬希望进一步了解区块链在金融领域的主要应用和发展方向。

知识准备

一、区块链与数字货币

区块链是伴随着比特币的概念而产生的,而比特币就是数字货币的一种具体尝试,它是以数字形态存在的、在网络环境中支付的、基于节点网络和加密算法的一种虚拟货币。

目前关于货币的衍生概念有多种,可以归为以下几类:

1. 法定纸币

日常生活中使用的纸币为法定纸质货币,是央行通过国家信用背书发行的法定货币,具有法律效力。

2. 电子货币

随着支付方式的不断演变,人们的消费方式从纸币支付逐渐变为通过银行卡、储值卡、支付宝、微信以及各类电子钱包等方式支付,新型的支付方式均基于电子货币账户进行资金流转,由此引出电子货币的概念。电子货币本质上是法定纸币的电子化形式,是客户的银行账户的网络映射,不具备独立的发行模式和货币量要求。

3. 虚拟货币

Q 币、各类游戏币等均可归为虚拟货币,不具备法律效力,这类货币用于虚拟的网络世界,可通过法定货币在网络空间进行购买或转让,不能用于现实场景的货币流通。

4. 数字货币

数字货币也即密码货币或加密货币,分为私人数字货币和法定数字货币,比特币、以太币、瑞波币、莱特币等均可称为私人数字货币,它们并非通过政府担保,体现的是一种投资属性。由各国央行发行的数字货币才能称为法定数字货币,目前尚未出现实际使用的法定数字货币,由数字货币引出的另一新型货币被称为网络虚拟代币，此类代币相当于一种筹码或股权。曾经火热一时的ICO(数字货币首次公开众筹)便是通过发行私有代币募集资金，代币的价值与融资的项目发展挂钩，代币形式或称呼随项目的不同可能不同。

真正意义上的货币需要具备三种基本属性：交易媒介、账户单位和价值储存。数字货币除了上述三个属性外，还具有一些其他特征：不能离开电子设备而存在，目前不能存储于银行，缺少了一份保障；目前无法用于对冲风险，无法作为贷款、抵押、信用卡及其他金融信用评估依据，没有相关的金融衍生产品。

法定货币经历了从实物货币到金属货币再到纸质货币的阶段，数字货币是未来货币发展的趋势，2013 年各国央行开始重视此新型数字货币并积极开展相关研究。

二、区块链与供应链金融

供应链金融是金融机构围绕核心企业，管理上下游中小企业的资金流、物流和信息流，并把单个企业的不可控风险转变为供应链企业整体的可控风险，通过立体获取各类信息，将风险控制在最低的一种综合金融服务。

供应链金融包括以贷款为主的表内授信、以信用证为主的表外授信。参与局部地区供应链的公司，主要获得的是贷款服务；参与全球供应链的公司，主要获得的是信用证、贷款等服务。

供应链金融的核心为信用背书。服务类型为贷款时，供应链金融是对具有真实交易关系的整个供应链条进行信用评估，由高信用等级企业为低信用等级的上下游中小企业提供信用背书，使中小企业从高风险市场变成高收益、低风险市场。银行等金融机构则以应收账款、存货等动产为依据进行贷款。服务类型为信用证时，银行等金融机构除提供交易结算、贷款融资外，还为贸易公司提供信用担保，以自身信用代替贸易公司信用。

三、区块链与贸易融资

贸易融资业务指银行为国内和跨境贸易提供的包括结算、融资、信用担保、保值避险等综合金融服务，包含福费廷、信用证等相关业务。贸易融资按照各方满意的条件提供便利交易所需的信贷、付款担保和保险。贸易融资用于促进全球不同国家买卖双方之间的交易，已经成为国际贸易的命脉。但传统的贸易融资具有一个重要的痛点，就是使用大量纸质文件，大多数贸易融资活动都是在进口商、出口商、进口地银行、出口地银行、运输公司、收货公司、托运公司等参与方之间移送实物文书。业务整个流转过程，涉及银行、买卖双方、供应商、物流公司、监管机构等多方交易实体，互相取得信任的代价较大；流程繁杂，业务的每一个步骤都可能需要多方确认，交易周期长；每个环节都需要大量人力物力，“一处失误推倒重来”使效率难以保证。

区块链具有公开透明、不可篡改、分布式账本等技术特性，正好完美应用于贸易融资领域，解决了同业机构的互联互通，实现全业务流程信息的共享，从而保障了业务的连续性，做到风险的可控。而福费廷、信用证、保理与再保理等也是目前区块链在贸易融资领域应用最迅速的场景。利用区块链的特点，有效协助推进了贸易金融的线上化和智能化发展。在买方、卖方、银行等多方参与的区块链贸易融资平台上，银行通过“朋友圈”式管理，可以更高效地通过既往交易信息评估授信；

单据的全电子化可以极大提高业务的流转效率，简化业务流程，摒弃线下烦冗工作，提高用户体验。银行集成融资、存贷款、仓储物流等信息的一体化，可以保护市场，也可以规避市场风险，同时意味着创新性金融产品会有更多形式。

课堂研讨

分组讨论区块链金融应用中的优点和存在的问题。

拓展训练

查询区块链金融的更多应用的相关资讯。

拓展阅读

贸易融资区块链建设的阶段性成果

建设银行于2017年底开始，在区块链贸易融资领域开展业务探索和试点，2018年初在业界率先投产"区块链贸易融资平台"，至今已先后上线了信用证、福费廷、国际保理、再保理等功能，投产以来交易金额已突破4000亿元，充分显现了区块链技术在贸易融资领域的适配性和潜力。同时，建设银行持续发力，一方面致力于全贸易生态的建设，物流金融、海关等在建待建项目旨在打通与仓储、物流、海关的连接，打造全贸易生态圈全业务流程信息的互通互信共享；另一方面与中银协合作，联合国开行、工行、农行以及12家中小银行和企业共同开发"中国贸易融资跨行区块链平台"，监管接入参与，共同繁荣同业生态。

应用推广区块链贸易融资的同时，建设银行在技术研发方面同样深耕细作，对框架底层服务进行了改进和封装，解决了一系列实施中遇到的问题。

1. 数据安全和隐私控制

区块链去中心化特性，在解决贸易融资领域的效率低、单据造假等痛点的同时，也让参与各方有了新的疑虑。因为其账本共享的特点，参与方普遍担心客户数据泄露、交易信息被竞争对手获取。建行区块链系统通过用户证书申请、加盟注册等联盟链准入流程建立起了一套完整的用户和机构证书体系，通过对落链数据进行公共数据结构抽象，并基于用户机构证书电子保险箱系统对数据内容进行对称/非对称混合加解密，从而实现落链数据的交易相关方精确访问和权限控制。第三方机构（包括系统运维方）均无法解密和查看数据。

2. 数据备份/容灾

区块链底层账本通过P2P协议实现自动同步，对应用透明，每个账本都是全量数据，无须额外建设灾备系统，单个节点宕机不影响系统运行，多个背书和记账节点部署情况下为多活模式，共同维护账本数据；多个普通节点部署情况下为主备模式，接受主节点同步过来的数据。

3. 交易历史追溯

每笔交易落链后生成唯一交易序号TxID，通过TxID可以对单个交易进行溯源，同时通过链上资产ID可以进行资产转移和分裂历史追溯，可视化地展现权益扭转历史。

4. 链外存储

大文件（影像/附件）不上链，而是进行链外存储，通过哈希值关联链上交易，并确保链下数据的不可篡改性。

5. 可扩展性

节点的加入不影响整体的效率。按照业务产品维度，将贸易融资联盟链数据存储结构设计成多通道多账本的体系，每个通道中都有一个完全独立的账本，通道内节点都保存一份相同的数据，同类型业务在同一个通道上运行，通道间业务数据互相隔离互不影响。每个加盟节点仅访问业务相关的通道，从而控制了各业务通道内加盟节点的数量。业务的增加可以通过通道的扩展来达成，从而保障了整个联盟业务生态的可扩展性。

6. 基于有限状态机 FSM 的业务逻辑智能合约开发

上链资产通常是电子化后的线下资产，比如发票。链上资产的交易和转让等事件会导致资产状态的变化，根据业务行为抽象出一套独立的状态机制，由业务人员可视化画出 UML 模型，系统导入模型后智能合约逻辑根据当前资产状态和事件自动计算目标资产状态，同时根据目标状态下的交易相关方可见性实现自动加解密和隐私控制。保理市场的票据转让状态机制详见图 5-4。

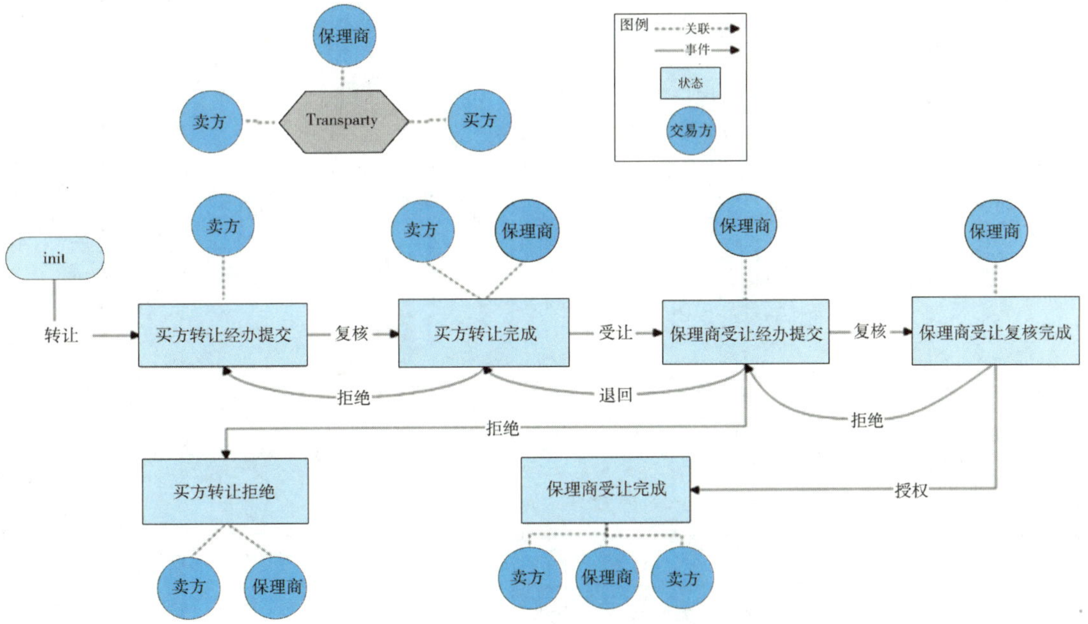

图 5-4　保理市场的票据转让状态机制

7. 优化性能

区块链网络下影响性能的主要因素包括背书策略的复杂度、区块链通信成本、智能合约复杂度、交易频率。其中背书策略复杂度、智能合约复杂度、交易频率三者正关联。将业务按一定规则进行划分，并控制业务通道内节点数量，则可以对以上几个方面进行改进。

贸易融资区块链中，参与的机构或公司是基于协议的，即授信网络。在此基础上，可以看到其应用的场景有两类：一类参与方是两方的，一类参与方是多方的。比如，支付结算业务一般是点对点，参与方是两方的；物流金融业务则是多方的，企业将存放在仓储的货物质押，向银行申请融资，银行为了控制质押货物风险,则需要到仓储确认货物的有效性,从海关获取贸易背景信息来确认交易的真实性。对以上两类业务,为了控制通道内加盟参与交易节点的数量,在将业务划分不同通道的基础上,需要将加盟节点角色进行分类、分层处理。提供公共服务的角色,比如银行、监管机构,以独立节点加盟模式加入,具备独立记账和读取权限;调用公共服务参与交易的角色,比如企业、仓储方,以代理节点的模式加盟,即同类用户共享一个节点来完成记账和信息获取的能力,一方面无须单独配备记账节点所需硬件,降低了企业、仓储方的加盟门槛,另一方面也降低了通道内业务数据同步共享的成本,提升了业务通道的处理效率。

项目六

金融科技赋能银行业

☆ 核心目标

职业能力

1. 能够运用金融科技做好银行业未来应用分析的全面准备工作；
2. 能正确分析金融科技对银行业务场景发展的影响；
3. 能根据学习需要查阅相关资料。

职业素养

1. 形成用金融科技手段去解决银行业务实际问题的习惯；
2. 养成对事物进行分析的客观、敏感的职业思维。

☆ 知识图谱

- 金融科技赋能银行业
  - 银行业金融科技应用概述
    - 银行业金融科技发展历程
    - 金融科技在银行业应用表现
    - 未来银行数字化业务发展
  - 金融科技赋能银行网点的应用
    - 智能机具应用
    - 智能网点运营
  - 手机银行应用
    - 银行业务线上化
    - 手机银行历史回顾
    - 金融科技推进手机银行应用迭代创新
  - 数字货币
    - 数字货币诞生的背景
    - 央行数字货币
    - 数字人民币

任务一　银行业金融科技应用概述

任务描述

金融科技的本质是依托人工智能、大数据、区块链、云计算等科学技术为银行业降本增效。发展金融科技的目的是加速银行业转型升级，使金融科技更好地服务于实体经济，规避金融风险。

银行业金融科技应用概述

王冬冬是金融科技应用专业的一名在校大学生，看到智能柜员机、智能银行等新产品的应用，希望自己也能够更好地使用这些智能机具。

知识准备

一、银行业金融科技发展历程

1. 早期金融信息化阶段(2013 年以前)

1987 年，我国首台 ATM 机在珠海开始使用，1988 年招商银行完成了首笔网银支付交易，1995 年，招商银行率先建立统一的 IT 数据体系，电子化水平达到了行业领先水平，大幅度提升了跨地区网点结算能力和服务效率，招行"一卡通" 服务可以实现代发工资、代扣缴水电费、自助转账、证券转款、刷卡消费、电话银行等多项服务。到 2010 年前后，手机银行 App 已经可以实现实时查询账单、金融产品信息查询与购买等功能。这个阶段的金融信息化主要体现为线上化和自动化。这个阶段金融科技并未大规模运用在商业银行的表内业务上，因此金融科技在商业银行的发展和运用还较少。

2. 互联网金融阶段(2013—2018 年)

2013 年余额宝的出现推动了以移动支付和线上结算业务为主的互联网金融模式的发展。为了应对互联网金融的冲击，商业银行主动寻求改变，借力发展金融科技。2017 年，建设银行作为大型商业银行率先牵手阿里、蚂蚁金服。随后，工商银行与京东金融、农业银行与百度、中国银行与腾讯、交通银行与苏宁纷纷先后签署战略合作协议，开展互联网金融业务。在这个阶段银行已经将人工智能、区块链等技术应用到银行业务活动之中。

3. 数字化转型阶段(2019 年至今)

2019 年央行发布了《金融科技(FinTech)发展规划(2019—2021 年)》，文件指出要合理运用金融科技手段增强银行业的业务能力与服务水平。在这个阶段，监管方面要求也在不断更新，商业银行金融科技正式从粗放型发展阶段转变为精细化数字化转型阶段。《中国上市银行分析报告 2021》的数据指出，银行业积极推进银行数字化转型，科技投入力度继续加大。2020 年，银行机构信息科技资金总投入为 2078 亿元，六家大型银行科技资金投入合计 956.86 亿元，几乎占据银行业总投入的半壁江山。

2022年，中国人民银行公布《金融科技发展规划(2022—2025年)》，提出力争到2025年实现金融科技整体水平与核心竞争力跨越式提升。这是中国人民银行发布的第二份阶段性金融科技发展规划。2019年8月，中国人民银行发布《金融科技(FinTech)发展规划(2019—2021年)》，首次从央行层面对中国金融科技发展作出顶层设计，提出到2021年建立健全金融科技发展的"四梁八柱"。《金融科技发展规划(2022—2025年)》进一步提出，要推动中国金融科技从"立柱架梁"全面迈入"积厚成势"新阶段，重在解决金融科技发展不平衡不充分等问题，推动金融科技健全治理体系，完善数字基础设施，促进金融与科技进一步深度融合。

二、金融科技在银行业应用表现

1. 人工智能技术应用

人工智能技术主要是依托数据、算力和算法，赋予机器自主思考或行动的能力。在金融领域，计算机视觉、智能语音、自然语言处理、智能决策控制等人工智能技术的应用相对比较成熟。目前，银行主要将人工智能技术应用于投资建议、身份验证、客服咨询、事务处理等场景，推动业务线上化、管理智能化。例如，运用人脸识别、声纹识别、活体检测等生物识别技术验证身份，提升对客户判断的精准度，实现在线开立账户、在线授信。

2. 区块链技术应用

区块链技术具有分布式、难以篡改、可追溯、开放性、算法式信任等特点。区块链技术被逐渐运用到供应链金融、贸易融资、票据交易、资产托管等金融领域。在供应链金融业务方面，银行借助区块链难以篡改属性，确保链上各相关方交易的真实性，建立银行和企业间信任关系，为核心企业及上下游相关企业提供低成本融资服务，利用区块链智能合约可编程的特点，设置自动划转还款资金，确保银行贷款资金和利息按时回收。

3. 云计算技术应用

云计算技术主要是解决算力问题，通过部署虚拟机或容器等系统级软件和分布式集群管理软件，形成可动态管理的资源池，实现高效复用。近年来，银行金融机构积极采用私有云、行业云技术，应用于IT运营管理、底层平台开发、交易量峰值分配、网络安全管理等场景，降低运营成本，支持业务发展。

4. 大数据技术应用

大数据技术主要是运用分类分析、聚类分析、关联提取、预测分析、序列分析、社交网络分析等技术手段，对采集的全量数据进行分析，深入挖掘数据价值，助力经营管理决策。大数据技术在银行业使用广泛，主要应用在信贷反欺诈、信用评估、反洗钱、运营管理、投研分析、风险定价等领域。银行运用大数据技术，深度整合客户在银行内部的属性数据、金融行为数据以及在外部各类平台的其他属性数据、非金融行为数据等信息，搭建客户标签体系，丰富客户画像，优化客户旅程，推动精准营销；研发信贷产品风控模型，搭建智能反欺诈系统，推进信贷场景线上化、信用审批自动化、风控管理智能化；推进员工行为管理数字化，打通各渠道员工行为数据，实现多维度、动态监控员工行为，守住合规经营底线；推出智能报表工具，深入融合行内各类数据，加工汇总，将复杂的计算机语言转化为自然语言查询，实现经营数据报表实时化更新、可视化展示、便捷化查询，提升查询效率，助力管理层决策。

三、未来银行数字化业务发展

2022 年 1 月中下旬，银保监会办公厅发布《关于银行业保险业数字化转型的指导意见》，提出“到 2025 年银行业保险业数字化转型取得明显成效”的目标，具体包括数字化金融产品和服务方式广泛普及，数字化经营管理体系基本建成，数据治理更加健全，科技能力大幅提升，网络安全、数据安全和风险管理水平全面提升。

1. 积极发展产业数字金融

商业银行应当借助自身数字化技术优势打造具有鲜明特色的产融服务平台，实现“产业 + 金融 + 科技”融合，将数字科技融入产业金融，赋能实体企业，帮助“重大项目、重点企业和重要产业链”解决融资难题、降本增效。同时商业银行借助产融数字化平台，积累全链路、高质量的产业数据，提升精准授信和产业链服务能力。

2. 大力推进个人金融服务数字化转型

传统的注重增加机构、人员数量的外延式发展模式将在市场竞争中逐渐被淘汰，注重运用大数据分析技术和金融科技手段的、以价值为基础的内涵式数字化、智能化发展模式将成为零售业务发展的主要方向。

3. 提升金融市场交易业务数字化水平

加强线上交易平台建设，建立前、中、后台协同的数字化交易管理体系，有效提升投资交易效率和风险管理水平。建立统一的投资交易数据平台，提升投资组合分析及风险测算能力，优化投资规划、组合管理、风险控制。

4. 建设数字化运营服务体系

建立线上运营管理机制，以提升客户价值为核心，加大数据分析、互联网运营等专业化资源配置，提升服务内容运营、市场活动运营和产品运营的水平。促进场景开发、客户服务与业务流程适配融合，加强业务流程标准化建设，持续提高数字化经营服务能力。统筹线上、线下服务渠道，推动场景运营与前端开发有机融合。

5. 构建安全高效、合作共赢的金融服务生态

针对客户需求，创新服务场景，丰富金融服务产品与渠道。强化系统集成，加强内外部资源整合，统筹规划与第三方企业合作提供金融产品服务的内容和流程，建立面向开放平台的技术架构体系和敏捷安全的平台管理机制，对金融服务价值链中的关键活动进行有效管理和协调。

6. 着力加强数字化风控能力建设

加快建设与数字化转型相匹配的风险控制体系，建立企业级的风险管理平台，实现规则策略、模型算法的集中统一管理，对模型开发、验证、部署、评价、退出进行全流程管理。利用大数据、人工智能等技术优化各类风险管理系统，将数字化风控工具嵌入业务流程，提升风险监测预警的智能化水平。

课堂研讨

分析为什么要发展产业数字金融。

拓展训练

1. 如何开展数字化生态建设？
2. 简述未来银行业数字化发展趋势。

任务二　金融科技赋能银行网点的应用

任务描述

随着新兴技术的快速发展，金融科技迅猛突起，影响着金融格局与服务方式，使得银行业发生了颠覆性的变化。目前，银行业正处于更加开放、层次更深的变革之中，在迎接巨大机遇的同时，也面临着更为严峻的冲击与挑战。

王冬冬是金融科技应用专业的一名在校大学生，看到智能柜员机、智能银行等新产品的应用，希望自己也能够使用这些智能机具，同时由于自己使用手机银行及各种金融 App，很少前往银行网点，于是产生了一种疑问，银行网点会不会被淘汰？

知识准备

一、智能机具应用

银行业是数据密集型和科技驱动型的行业，以人工智能、大数据、云计算为代表的信息技术在金融领域加速应用，与银行业不断融合，成为驱动金融创新发展的强劲引擎，银行数字化实践已基本渗透覆盖银行业务各个领域。

传统银行业务拓展方式是通过不断建立新的线下网点，覆盖更广的地域范围，从地域上接近客户的方式来获得大量客户。银行单个网点柜台数量有限，网点仍面临着难以满足覆盖区域内用户需求的问题，并且随着互联网的发展，线上渠道的便捷性远超银行网点，银行网点的效能受到了挑战。当前银行业网点总数呈现缓慢下降趋势，截至 2020 年末全国银行业金融机构网点数量共计 22.67 万个，较 2019 年末减少约 1300 个，降幅约为 0.6%。虽然全国银行业网点总数在下降，但不同类型银行的具体布局方式出现分化趋势，大型银行聚焦网点撤并且布局优化，区域性银行依靠区域优势有所扩张，同时大部分银行的特色网点数量逐步增加，智能网点和数字化营销成为未来发展的重点。

智能网点与传统的网点的不同之处首先是自助式设备的应用。智能网点通过智能终端设备实现业务离柜分流，智能网点充分发挥 AI、大数据技术的优势，帮助银行实现业务智能高效。银行的身份识别系统甚至在用户一进入营业厅就可以识别是 VIP 用户还是普通办业务的用户，以及该用户通常办什么业务，帮助银行精准营销。

用智能化设备辅助乃至替代人工操作是银行网点转型的基本思路，当前网点厅堂服务设备主要提供迎宾、排队叫号、客户引导等服务支持，业务交易设备主要提供金融支付服务，包括智能高低柜台服务、VTM（远程视频柜员机）、便携终端，在这些机具之外，营销大屏、客户交互设备、导览屏也在不断进入各个网点。

智能机具解决了银行网点内的两个问题：一是现金问题，如大额现金存取、零钱兑换、残钞兑换等；二是业务问题，既包括智能设备自助办理业务，打破工作人员与客户隔窗对话的模式，增强交流黏性与互动营销，又包括交易操作简单化、智能化，将流程与细节交由软件处理。智能机具可承担 90% 以上的银行传统网点业务，银行智能网点中融合的机器人、AI、大数据等科技元素可节约银行运营成本，推进银行业务无纸化、数字化、智能化转型。

智能机具主要包括现金类设备和智能化机具。

现金类设备主要是高速大额现金存取款机，区别于 ATM 与 CRS，是结合了智能硬件和软件的系统，在信息安全、智能化、客户体验等多个层面有着明显的提升突破，可以实现大额存取款、零钞兑换的自助化办理，且支持各类面额的混存混取，极大方便客户现金业务处理。高速大额现金存取款机可实现连续放钞，存入 20 万元现金仅需 7 分钟，比柜面节省 50% 以上时间，还配置扎把功能，便于收纳；支持零钞，支持 10 元 /50 元 /100 元面值混合放钞 / 出钞，无须手动清分不同面额钞票；支持存折，支持存折大小额存取款、存折补登、存折转账等功能，满足多用户群体需求。

智能化机具的使用大幅提升了网点的服务效率和用户体验，如：VTM（远程视频柜员机）、MIT（移动智能柜员机）、智能迎宾机、人脸互动大屏终端、智能广告机等。

VTM 设备通过用户和银行柜员之间的远程音视频通话和桌面共享，帮助用户实现对公对私、国际国内、本外币、金融理财等全方位金融服务，个人可以自助完成约 90% 的金融业务。此外，像身份信息采集、资料扫描、票据收纳、回单打印盖章等，都可以通过 VTM 自动化引导流程帮助用户自助完成。

MIT 设备是银行的便携式自助发卡设备，该设备集成了人脸识别摄像头、指纹识别仪、身份证读卡器等多种硬件设备，可放置于银行网点，或由业务经理携带到校园、社区等人流密集的地区，进行自助发卡。

智能迎宾机：通过人脸识别技术实现 VIP 客户自动迎宾与欢迎致辞，并结合 CRM 系统，将用户信息和需求情况下发至客户经理的终端设备上，提升服务质量。

人脸互动大屏终端：通过交互式的人脸娱乐游戏，缓解客户无效等待，还可通过识别客户的年龄、性别、表情等面部特征，推送特定的产品，进行精准营销。

二、智能网点运营

1. 大数据赋能网点潜力

当前银行已经开始着手利用数字化手段支持布局选址。人口规模、收入分布、年龄结构、消费习惯，周边大型商业设施、医院、学校、企事业单位等的分布与建设情况及规划建设目标，周边其他银行网点布局及建设情况，周边道路地形特征，公共交通站点距离等数据，已经开始作为银行选址依据。

网点利用大数据技术在现有客户基本信息和业务数据的基础上，通过内部数据整合及引入外部数据源的方式，汇集全方位客户数据，为绘制区域客群画像及评估区域金融资源打牢基础；通过对客户多维数据加以精细化分析，从客户基本特征、客群质量、消费特征等方面绘制细分客群画像；通过客户画像将客户分成高净值客群、养老客群、有车一族、母婴客群等细分客群，既可以用于指导区域金融资源评估，又能作为网点主题、业务侧重的决策依据。

2. 金融科技助力智能厅堂服务

智能运营方面，智能设备不局限于自助服务，逐渐在客户体验提升领域发挥作用。智能网点作为转型思路与场景生态的物理载体，是银行为客户提供业务、服务、体验的重要场所。

智能厅堂可以实现空间、产品与服务体验的高度融合，利用智能迎宾系统、智能厅堂机器人、智能引导台可以实现客户迎接、识别及简单交流引导操作；利用智能柜员机、生物识别取款机、智能低柜、便携交易终端、自助交易机为客户提供金融交易服务支持；利用智能交互白板、营销导览屏、双面吊屏、LED/LCD 营销屏为客户提供营销活动、产品内容展示支持；利用金融太空舱、VR 虚拟银行互动体验设备为客户提供切合银行网点建设主题的权益服务沉浸式体验。

虚拟数字员工能够替代人工，有效承担业务办理、客户需求沟通等重复度较高的工作，在减少银行职员工作量的同时能够尽可能缩短客户等待时间，有效降低银行人工成本。AI 数字员工也可以参与银行品牌宣传、形象建设的过程，从而有效降低相关投入成本，实现全面降本增效。

3. 流程自动化机器人(RPA)

流程自动化机器人是一种模拟人对计算机软件进行操作，如银行信息化业务平台和管理系统，并按照既定的业务规则完成一系列重复性工作的虚拟机器人。随着银行业务不断拓宽与深入，大量重复性、流程化、高风险的工作也随之增加，使得单凭人力控制和机械操作已无法满足银行对业务处理效率的要求。基于人工智能技术的 RPA 可以很好地解决这一问题。银行业的工作特征决定了其中有大量的重复性工作，许多日常业务流程比如人行账户信息备案、贷款业务进件量及通过率统计报送、监管事项督办、开销户影像数据导入等会占用员工大量的时间和精力。同时，银行业务需要跨系统操作，比如从不同网页上分别下载最新企业名单等，员工手工操作不仅效率低下，而且容易出现差错。人工智能可以帮助银行摆脱重复性任务，让银行职员将时间集中在高价值的高级任务上。RPA 可以将资料录入耗时从 10 分钟降至 2 分钟，完成开销户影像数据自动导入、企业名单信息更新等业务。

课堂研讨

银行网点会不会消失？

拓展训练

1. 在数字化变革背景下，银行网点该如何提质增效？
2. 寻找一家银行实际体验银行智能机具。

任务三　手机银行应用

手机银行应用

任务描述

当前商业银行正从传统零售银行向数字银行转型，互联网和信息科技为手机银行服务方式提供了强大支撑，数字化、移动式的服务体验日益受到用户青睐，银行线上化发展已成为趋势。

王冬冬是金融科技应用专业的一名在校大学生，也在经常使用手机银行应用，想通过手机银行更好地了解金融业务应用。

知识准备

一、银行业务线上化

金融科技赋能银行业，推进银行数字化转型的内容除了网点智能化之外，另外一个重要的方向就是业务线上化。网上银行、手机银行、银行小程序、银行公众号等线上服务手段可以通过用户行为，如账户查询、主动搜索、页面停留、服务开通、活动参与、访问频次、账户收支、业务咨询等对客户进行用户画像，从而对银行管理进行风险评估、精准营销、额度管理、优化体验。

银行的业务线上化主要分为网上银行与手机银行，网上银行的发展早于手机银行，2005 年国内大部分商业银行开始建设具有综合业务功能的网上银行，而手机银行是在智能手机的普及率升高的过程中才逐渐发展起来的。网上银行和手机银行的功能差别不大，都可以实现查询、转账、理财等基本功能。随着移动互联网时代的到来，手机银行在使用的便捷性、随时性方面都强于网上银行，因此成为个人用户的首选电子渠道。

手机银行借助 AI 人脸识别等技术，在存量客户业务办理方面增强客户自主度、便利性。银行柜台主要进行咨询类业务办理，难以主动触达用户，难以分析用户需求，而将银行的业务迁移到手机上，不仅提高了用户业务办理的便捷性，更重要的是，通过与用户的交互，电子渠道积累了丰富的用户行为数据，银行可以将这些数据合理利用，更好地把握用户需求，向用户提供更精准的服务。

手机银行是利用移动通信网络及终端办理相关银行业务，使银行能以便利、高效的方式为客户提供服务。随着智能手机迅速普及，手机银行客户端被设计成手机应用 App 的形式，App 的交互性、速度及用户体验有了显著提高。

二、手机银行历史回顾

自 1999 年中国银行首先推出中国最早的手机银行业务以来，我国手机银行大致经历了短信银行、WAP 银行、App 银行三个阶段。在短信银行时代，具体的使用形式为收发短信，在 WAP 银行时代主要以 WAP 访问银行网站为使用形式，在 App 银行时代主要以手机下载应用客户端并使用为使用形式。各种使用形式的变化主要随手机应用的技术变化而不断更新，经历了从语音文本到图片视频，再到 AI、VR、AR 等技术的全面推广阶段。目前，中国各大银行提高手机银行 App 更新频率，并推出服务于不同应用场景的 App 矩阵。在不断采用新技术的同时，各大银行加快了移动端业务整合的力度，使手机银行从简单的产品、服务渠道转变为全新的银行形态，甚至成为银行网点渠道建设的核心。

从手机银行 App 数字化特征及形态视角来看，手机银行经历了“渠道—平台—生态—开放运营”的渐进式发展阶段。“渠道”阶段，把线下交易往线上牵引，达到为柜面分流的目的；“平台”阶段，将各类服务打造成产品超市，关注产品和业务规模；“生态”阶段，引入更多生态延伸服务场景，注重提升活跃用户规模；“开放运营”阶段，银行将具体运营权限更多赋予生态方，提升用户价值，更关注金融转化及资产管理规模。

随着手机银行功能的不断拓展，商业银行的手机银行业务快速增长，中国个人手机银行用户比例快速增长，未来的手机银行将是银行产品创新、业务拓展、战略转型的重要平台。根据中国金融认证中心的数据，2016 年中国手机银行用户比例为 42%、略低于网上银行用户比例。但在 2020 年，手机银行成为主流模式，用户比例高达 71%，在发展速度上表现出强劲的上升势头。手机银行用户活跃度日益增长，App 使用广受用户欢迎。根据中国银行业协会的数据，2020 年银行业金融机构离柜交易达 3709.22 亿笔，离柜交易总额达 2308.36 万亿元；银行业平均电子渠道分流率为 90.88%。其中，手机银行交易达 1919.46 亿笔，同比增长 58.04%，交易总额达 439.24 万亿元，同比增长 30.87%。

三、金融科技推进手机银行应用迭代创新

伴随生物识别、人工智能、5G 等技术应用的不断成熟，手机银行不断迭代，手机银行能够为客户提供更安全、更智能、更便捷的移动金融体验，在手机银行 App 上常规的智能化手段普遍实现，各个银行还在个性化和创新方面不断有突破。

1. 数据驱动的智能服务模式

手机银行通过人工智能、大数据技术的应用，利用智能语音服务等实现智能交互体验。手机银行可以通过智能技术提供智能理财服务，通过手机端展现客户资产负债情况，帮助客户进行投资决策，让客户对自身的财富配置有了全局把控；可以帮助客户进行资产检测，利用海量数据精准描绘客户投资画像，运用专业量化模型，一键检测客户资产配置的健康状况，并提供个性化的投资建议，提供一站式财富顾问服务。利用指纹、人脸、声纹认证等生物识别技术，手机银行还可对货币纸面图案进行识别，帮助客户准确识别美元、英镑、欧元、日元等货币的币种和金额，并提供实时汇率换算。

2. 线上线下结合全场景金融服务

近年来，商业银行持续加快数字化转型步伐，加大金融科技投入，打造多元生态场景，推进营销、风控、管理等领域全面智能化应用，其中场景建设在银行数字化转型中起到至关重要的作用。

场景建设是指将银行金融服务下沉到相关非金融服务中，基于用户的生活方式、兴趣爱好建立具有相似特征的场景客群，精准定位其金融需求，并以非金融服务为导引，引领客户金融消费需求，从而构建服务闭环。手机银行作为银行主要流量运营入口，将金融服务与非金融服务相结合，可以依托金融科技洞察用户需求，从金融服务延伸到非金融服务，搭建特色场景，促使银行实现获客、活客以及转化能力的提升。

当前商业银行布局场景金融服务的主要形式包括银行与互联网平台公司共建场景金融和商业银行自身布局非金融业务两种形式。

商业银行与互联网平台合作可以整合双方资金、流量、技术、场景等优势，在信用卡、借记卡、个人贷款、小微企业金融服务等方面开展深入合作，充分发挥商业银行自身优势及互联网平台场景优势，共同打造线上线下一体化场景，提升客户体验。商业银行布局非金融场景是以高频场景带动低频场景的，在生活缴费、美食娱乐、交通出行、政务便民等高频消费场景均有覆盖，尤其是医疗、教育等非金融场景生态将越来越丰富。

3. 个性化突出的金融体验

随着金融行为在线化、移动化的发展趋势，手机银行结合大数据、生物识别等金融科技手段推出了个性版手机银行服务，为客户提供专属存款、专属理财、专属权益的移动端综合金融服务方案。手机银行应用能够挖掘县域、老年市场流量，用专属版本提高服务能力。例如，工行手机银行上线了普惠版、幸福生活版；农行掌上银行上线乡村版、大字版；建行手机银行也推出了乡村专版、大字版，助力提升县域客户及老年客户的活跃度。

例如，工商银行深入挖掘老年人使用手机银行“想用不会用”“想用不敢用”和子女“想帮不好帮”“想办不能代办”等痛点和需求，基于金融本质，围绕账户安全、简化操作、智能服务、亲情关怀发力，针对老年人身心特征定制推出了幸福生活版，页面字号扩大至76PX，部分热点显示区域大于88PX，辨识度和操作灵敏度更高。该版本集合生物识别、语音交互、大数据、智能分析、智能风控等先进科技，采用适老亲老的业务流程，让老年人享受到移动金融服务的便利。工商银行幸福生活版创新性将亲情关系引入金融服务之中，推出亲情账户，打造家庭线上金融服务。通过体验还发现，工行幸福生活版还对多项业务流程进行了简化，交互体验整体提升，例如，幸福生活版手机银行采用包容性设计，无论新老客户都只需要下载使用原中国工商银行App，对55岁以上老年客户，系统就会自动提醒切换，其他客户也可自由切换使用。在老年人最关心的安全问题方面，幸福生活版中新增安全向导，一步一步引导老年人利用五重安全锁将账户、资金管住；在转账汇款时，一旦大于1万，系统会进行安全提示，防范电信诈骗等外部风险事件。

课堂研讨

手机银行是不是压垮银行网点的最后一根稻草？

拓展训练

1. 列举自己经常使用的手机银行的三个缺点。
2. 建立小组，对比2~3家手机银行App，对比其优缺点。

任务四　数字货币

数字货币

任务描述

从实物货币到金属货币再到信用货币、电子货币，在漫长的货币体系演进中，法定货币的数字化必然是未来发展方向。当前国内的电子支付尤其是移动支付异常繁荣，然而经济社会要实现高质量发展，在客观上需要更安全、通用、普惠的新型零售支付基础设施作为公共产品，进一步满足人民群众多样化的支付需求，并以此提升基础金融服务水平与效率。

王冬冬是金融科技应用专业的一名在校大学生，对数字货币应用非常感兴趣，希望了解我国的数字货币的发展。

知识准备

一、数字货币诞生的背景

随着电子支付的发展，现金的功能和使用环境正在发生变化。根据央行数据，我国货币供应量中现金(M0)仅有 8 万多亿元，并且随着移动支付的广泛使用，真正用于支付的现金规模将更小。据 2019 年中国人民银行开展的中国支付日记账调查显示，手机支付的交易笔数、金额占比分别为 66% 和 59%，现金交易笔数、金额占比分别为 23% 和 16%，银行卡交易笔数、金额占比分别为 7% 和 23%，46% 的被调查者在调查期间未发生现金交易。

虽然公众对于现金的使用和需求均在降低，但是在金融服务覆盖不足的地方，人们对于现金的依赖度仍然较高。因此，数字化的现金形态和现金相辅相成行使货币职能，成为数字货币产生的国内背景。

目前，在数字经济的推动下，全球各个国家都在积极考虑或加速推进央行数字货币的研发。随着技术的发展，私人部门数字货币兴起，也开始了新一轮私铸货币、外来货币与法定货币的博弈，这些都成为我国数字货币产生的国际背景。

二、央行数字货币

(一)数字货币的相关概念

数字货币发展过程中产生了许多相关的概念，如数字货币、虚拟货币、法定数字货币等。

数字货币：数字货币是指基于节点网络和数字加密算法的虚拟货币，数字货币相比传统物理货币具有不可伪造、点对点快捷交易、流动方便的特点。

虚拟货币：虚拟货币是指非真实的货币。根据中国人民银行等部门发布的通知、公告，虚拟货币不是货币当局发行的，不具有法偿性和强制性等货币属性，并不是真正意义上的货币，不具有与货币等同的法律地位，不能且不应作为货币在市场上流通使用，公民投资和交易虚拟货币不受法律保护。

法定数字货币：法定数字货币是指央行数字货币(CBDC)。国际货币基金组织(IMF)称之为“价值的数字表达”，认为央行数字货币是一种新型的货币形式，是由中央银行以数字方式发行的、有法定支付能力的货币。我国发行的央行数字货币是数字化的人民币，是经国务院批准计划发行的法定数字货币。

非法定的加密货币：非法定的加密货币可分为普通加密货币和稳定币，代表性的普通加密货币有比特币(BTC)、以太币(ETH)等，代表性的稳定币有泰达币(USDT)、天秤币(Libra)等。

加密数字货币是基于某种加密算法创建的数字货币，不由某种中心化机构发行，理论上不会受到政府部门的干涉。

(二)央行数字货币的特征

2020年10月，美联储、欧洲央行、日本央行、英格兰央行、加拿大央行、瑞士央行、瑞典央行与国际清算银行共同发布了报告《中央银行数字货币：基本原则与核心特征》。报告认为各国央行在发行CBDC时有三个基本原则：

(1)中央银行不应通过发行CBDC而损害货币或金融稳定性；

(2)CBDC需要与现有货币形式共存和互补；

(3)CBDC应促进创新和提升效率。

从技术特征来看，CBDC必须是可转换的、方便的、可接近和可使用的以及低成本的；

从底层系统来看，CBDC系统应该具有安全性、即时性、弹性、可扩展性、灵活可适应性，以及7天24小时可用、吞吐量大、可互操作等特性。

三、数字人民币

(一)数字人民币的定义和特征

数字人民币是人民银行发行的数字形式的法定货币，由指定运营机构参与运营，以广义账户体系为基础，支持银行账户松耦合功能，与实物人民币等价，具有价值特征和法偿性。

第一，数字人民币是央行发行的法定货币。一是数字人民币具备货币的价值尺度、交易媒介、价值贮藏等基本功能，与实物人民币一样是法定货币。二是数字人民币是法定货币的数字形式。从货币发展和改革历程看，货币形态随着科技进步、经济活动发展不断演变，实物、金属铸币、纸币均是相应历史时期发展进步的产物。数字人民币发行、流通管理机制与实物人民币一致，但以数字形式实现价值转移。三是数字人民币是央行对公众的负债，以国家信用为支撑，具有法偿性。

第二，数字人民币采取中心化管理、双层运营。数字人民币发行权属于国家，中国人民银行在数字人民币运营体系中处于中心地位，负责向作为指定运营机构的商业银行发行数字人民币并进行全生命周期管理，指定运营机构及相关商业机构负责向社会公众提供数字人民币兑换和流通等服务。

第三，数字人民币主要定位于现金类支付凭证，将与实物人民币长期并存。数字人民币与法定纸币都是央行对公众的负债,具有同等法律地位和经济价值。

第四,数字人民币是一种零售型央行数字货币,主要用于满足国内零售支付需求。央行数字货币根据用户和用途不同可分为两类,一种是批发型央行数字货币,主要面向商业银行等机构类主体发行,多用于大额结算;另一种是零售型央行数字货币,面向公众发行并用于日常交易。各主要国家或经济体研发央行数字货币的重点各有不同,有的侧重批发交易,有的侧重零售系统效能的提高。数字人民币是一种面向社会公众发行的零售型央行数字货币,它的推出立足于国内支付系统的现代化,充分满足公众日常支付需要,进一步提高零售支付系统效能,降低全社会零售支付成本。

第五,在未来的数字化零售支付体系中,数字人民币和指定运营机构的电子账户资金具有通用性,共同构成现金类支付工具。

(二)数字人民币的设计特点

数字人民币设计兼顾实物人民币和电子支付工具的优势,既具有实物人民币的支付即结算、匿名性等特点,又具有电子支付工具成本低、便携性强、效率高、不易伪造等特点。

(1)兼具账户和价值特征。数字人民币兼容基于账户(account-based)、基于准账户(quasi-account-based)和基于价值(value-based)等三种方式,采用可变面额设计,以加密币串形式实现价值转移。

(2)不计付利息。数字人民币定位于 M0,与同属 M0 范畴的实物人民币一致,不对其计付利息。

(3)低成本。与实物人民币管理方式一致,中国人民银行不向指定运营机构收取兑换流通服务费用,指定运营机构也不向个人客户收取数字人民币的兑出、兑回服务费。

(4)支付即结算。从结算最终性的角度看,数字人民币与银行账户松耦合,基于数字人民币钱包进行资金转移,可实现支付即结算。

(5)匿名性(可控匿名)。数字人民币遵循“小额匿名、大额依法可溯”的原则,高度重视个人信息与隐私保护。

(6)安全性。数字人民币综合使用数字证书体系、数字签名、安全加密存储等技术,实现不可重复花费、不可非法复制伪造、交易不可篡改及抗抵赖等特性,并已初步建成多层次安全防护体系,保障数字人民币全生命周期安全和风险可控。

(7)可编程性。数字人民币通过加载不影响货币功能的智能合约实现可编程性,使数字人民币在确保安全与合规的前提下,可根据交易双方商定的条件、规则进行自动支付交易,促进业务模式创新。

(三)数字人民币的模式

1. 账户模式

数字人民币的账户模式主要表现在运营机构开立的数字人民币钱包,运营机构以账户的形式记载数字人民币的价值,并建立所有者身份与账户中的数字人民币价值间的关联关系,确立所有者对于对应数字人民币价值的所有权。数字人民币 App 内开立的各运营银行的钱包采用统一的认知体系和防伪功能。每个开立的钱包都会生成唯一的数字人民币钱包编号,钱包编号与账户所有人身份进行绑定。钱包编号是用户开立数字人民币钱包的“身份标识”,类似于传统银行账户下的“卡号”,用户可以通过钱包编号进行钱包之间的资金往来。

2. 准账户模式

准账户模式也是以账户形式来记载数字人民币价值的,但是不建立使用者身份与账户中数字人民币价值间的关联关系。准账户模式的数字人民币产品针对不特定身份使用者发行,发行时是非实名的,发行后可根据用户身份进行绑定实名。

3. 价值模式

价值模式是指数字人民币直接存储于相应的载体中,用户通过占有和控制相应的载体享有数字人民币的所有权。支付时收付双方可直接点对点完成价值转移。

(四)数字人民币的钱包形态

1. 软硬钱包

数字人民币钱包依据载体可以分为软钱包和硬钱包。软钱包基于移动支付 App、软件开发工具包(SDK)、应用程序接口(API)等为用户提供服务。硬钱包基于安全芯片等技术实现数字人民币相关功能,依托 IC 卡、手机终端、可穿戴设备、物联网设备等为用户提供服务,软硬钱包结合可以丰富钱包生态体系,满足不同人群的需求。软钱包主要以数字人民币 App 为载体,以其他入口为辅助。数字人民币 App 是数字人民币面向个人用户开展试点的官方服务平台,提供数字人民币个人钱包的开通与管理、数字人民币的兑换与流通等服务。

2. 子母钱包

数字人民币钱包按照权限归属分为母钱包和子钱包,钱包持有主体可将主要的钱包设为母钱包,并可在母钱包下开设若干子钱包。

个人可以通过子钱包实现支付场景的限额支付、条件支付和个人隐私保护等功能。企业和机构可通过子钱包来实现资金归集及分发、财务管理等特定功能。

子钱包隶属于母钱包,并由该母钱包用户进行管理,目前可通过子钱包推送的形式实现用户使用个人钱包中的资金在相关商户进行免密支付,其他功能尚未体现。

子钱包支付是数字人民币的特色产品,包括推送和支付两部分,推送是指用户在“数字人民币 App”上进入子钱包列表,打开商户子钱包推送开关,选择运营机构数字人民币钱包中子钱包与商户 App 进行绑定。当用户需要在商户 App 上进行支付时,就可以使用用户个人钱包中的资金进行免密支付,并授权运营机构发送扣款指令,运营机构即可在不验证用户的支付密码、短信动态码等信息的情况下,根据该商户的指令从用户的数字人民币钱包中扣款。

3. 公私钱包

数字人民币钱包可以按照开立主体的身份,分为公私钱包。自然人和个体工商户可以开立个人钱包,按照相应客户身份识别强度采用分类交易和余额限额管理;法人和非法人机构可开立对公钱包,并按照临柜开立还是远程开立确定交易和余额限额,钱包功能可依据用户需求定制。

4. 个人数字人民币钱包

个人数字人民币钱包根据运营机构对客户进行身份识别,并根据客户身份识别强度对数字人民币钱包进行分层管理,分为不同等级的钱包。根据实名强弱程度赋予各类钱包不同的单笔及单日交易限额和余额限额。最低权限钱包不要求提供身份信息，以体现匿名设计原则。用户在默认情况下开立的是最低权限的匿名钱包，可根据需要自主升级为高权限的实名钱包。

个人数字人民币钱包目前分为四类：

一类钱包：需现场核验申请人身份信息，需验证身份证件、手机号及本人境内银行账户信息；可绑定本人境内银行账户，支持个人数字人民币钱包内数字人民币与绑定账户存款的互转；实名程度最高。

二类钱包：远程开立，需验证身份证件、手机号及本人境内银行账户信息；可绑定本人境内银行账户，支持个人数字人民币钱包内数字人民币与绑定账户存款的互转；实名程度较高。

三类钱包：远程开立，需验证身份证件、手机号等信息，无须绑定银行账户，实名程度较弱。

四类钱包：远程开立，仅验证手机号码，无须绑定银行账户，为匿名钱包。

课堂研讨

请总结归纳四类钱包的主要区别，并对钱包的实名强度进行排序。

拓展训练

请课后尝试开通数字钱包，并画出数字钱包的开通流程图。

项目七

金融科技赋能证券业

☆ 核心目标

职业能力

1. 能够运用金融科技做好证券业未来应用分析的全面准备工作；
2. 能准确认知金融科技对证券行业未来发展的影响；
3. 能利用金融科技工具进行证券业服务；
4. 能根据学习需要查阅相关资料。

职业素养

1. 形成用金融科技手段去解决问题的习惯；
2. 养成对事物进行分析的客观、敏感的职业思维。

☆ 知识图谱

- 金融科技赋能证券业
  - 金融科技在证券业的应用现状
    - 金融科技在证券业的发展
    - 金融科技在证券业的应用
  - 智能投顾
    - 智能投顾的概念
    - 智能投顾的优势
    - 智能投顾的流程
    - 智能投顾在证券业应用实践
    - 智能投顾的监管
  - 金融科技赋能投资者教育
    - 投资者教育相关概念
    - 当前我国投资者教育的现状
    - 金融科技助力推进投资者教育的方式
    - 投资者教育实训

任务一　金融科技在证券业的应用现状

任务描述

金融科技在证券业的应用现状

伴随着大数据、云计算、人工智能等信息技术的发展成熟与深入应用，证券行业进入了“金融科技”时代。借助大数据、云计算、人工智能等技术对证券各项业务的赋能，金融科技应用可渗透到证券经营管理的各个环节，在提升运营效率、强化风险识别、挖掘潜在业务机会等方面展现出巨大潜力和勃勃生机。

王冬冬是金融科技应用专业的一名在校大学生，对证券行业的金融科技应用非常感兴趣，因此开始着手了解金融科技在证券业的应用。

知识准备

一、金融科技在证券业的发展

金融科技在证券行业获得了非常广泛的应用，金融科技的广泛应用对证券公司的商业模式也产生了重要影响，不断推动证券行业进行业务转型升级与模式重构。金融科技在证券业的发展主要分为线上化、数字化、智能化三个阶段。

（一）证券业务线上化

金融科技的飞速发展给人们的证券交易方式带来了极大的便利，在互联网时代，经纪业务进入线上交易模式，临柜业务也逐步向线上化转型。证券业务的线上化指的是证券公司将线下的金融服务转移至线上，客户在业务办理、金融产品的选择上更加主动，通过科技手段去掉信息传递的中间环节，减少信息的传递损耗，让业务产品直连客户，有助于证券公司更加全面、系统地搜集客户的行为数据，实现客户和产品以及服务的精准化匹配。证券业务的线上化打破了传统客户服务的时间和地域限制，极大地拓宽了证券公司的服务半径，给客户带来了极大的便利，目前各家券商已经实现绝大部分业务的线上化办理。iiMedia Research（艾媒咨询）数据显示，中国证券 App 用户规模增长迅速，从 2015 年的 4000 万人增长至 2021 年的 1.5 亿人，在六年时间里增加了近 2.8 倍，平均增速为 46.7%。2021 年，中国证券 App 用户同比增加 15.4%。随着中国证券市场的不断成熟以及投资者数量的持续增多，中国证券 App 用户规模仍将保持较快增长速度，预计 2023 年将突破 2 亿人。

证券业务线上化也加速了证券行业财富管理的转型，各营业网点弱化了客户办理业务的职能，转型成为承担财富管理的重要触点的角色，主动在当地拓展客户渠道、促进机构业务和产品合作。证券业务的线上化也使得证券行业的竞争变得异常激烈，同质化严重等问题也促使各证券公司积极寻找新的方向和领域进行突破，加速证券行业向数字化转型。

（二）证券业务数字化

线上化仅仅是证券行业转型的第一步，虽然交易功能已实现线上化，但是如果客户、产品、服务之间并未实现数据打通，这也仅仅是让客户在线上“自助”办理业务和购买产品，很难持续挖掘客户的价值，难以为客户提供更好的服务。

数字化是指利用云计算、大数据、人工智能等数字化技术来驱动组织商业模式创新和商业生态系统重构的途径和方法，其目的是实现企业业务的转型、创新、增长。证券业务工作“数字化”之后，每一次的操作数据都被系统所记忆。大量的历史数据保存在云端，证券公司能充分运用云计算和大数据等技术对这些数据进行处理，提取出有用信息并形成结论，能最大化开发数据的价值，促进业务改革和创新。

（三）证券业务智能化

证券公司有大量的用户数据，证券公司的数字化转型能够帮助证券公司提高客户服务质量和精准化营销水平，并能呈现出好看的数据报表。但即便能够运用大数据进行计算和分析，也并不代表实现智能化，而区分智能化与数字化的标准就是最终由谁来作决策。智能化以数字化为基础，是以机器辅助而非纯人工进行决策的。

从产品角度来看，证券业务的智能化能够根据客户的个人信息、行为偏好、交易记录等信息，利用深度学习、数据挖掘等算法，深刻洞察客户，深度挖掘客户的潜在需求，利用智能化的推荐算法，为客户提供更加匹配的产品和服务；从运营角度来看，智能化能够自动执行机器提前设计好的运营策略，实现对客户的精准营销，提升服务效率，降低服务成本，并能够根据运营情况及时评估运营效果，不断对运营模式进行优化。

当前证券服务线上化已发展相对成熟，约有 90% 投资服务商将服务内容通过线上方式提供给客户。在线上服务中，通过移动端提供服务的方式占比达到 80%，通过电话、PC 端等提供服务的其他方式仅占 10%，移动端已成为证券公司服务客户的主要平台。随着人工智能技术不断发展，券商开始探索人工智能技术在证券领域的应用，并融入 App 当中。因此围绕移动端做数字化、智能化服务已经成为证券行业转型的主要形式。

二、金融科技在证券业的应用

随着金融科技不断发展，证券行业也在推动金融科技与业务场景深度融合，赋能业务创新，包括智能客服、精准营销、智能投顾等，加强客户服务，重塑客户体验。

在金融科技中，人工智能应用较为普及，人工智能主要用于智能客服、智能投顾、智能投研及智能风控。

智能客服：基于自然语言理解、机器学习、知识图谱、多轮算法等技术，建立智能客服平台，完成线上线下精准营销服务闭环的构建，提升业务服务效率。

智能投顾：依靠大数据分析和 AI 算法为投顾赋能，提供差异化的投顾产品，为更广泛客户提供高效灵活的服务，为客户带来行情、交易和理财的全新体验，满足客户广谱式的财富管理诉求。

智能投研：主要服务于研究员群体，通过人工智能技术实现智能数据采集、智能数据建模、智能事件驱动，并依靠强大的计算能力，实现数据之间的智能化关联，大幅提升投研质量与效率。

智能风控：通过全面风险管理，实现风险事件提取的自动化、智能化，全面、及时、合理、有效地防控风险。

大数据技术主要应用于精准营销，利用数据分析技术挖掘与客户相关的交易数据和外部数据等多层次数据，基于客户的风险偏好、收益偏好，对客户价值进行全生命周期管理，有针对性地触达不同的需求。同时，智能化和大数据技术助力开展市场风险管理、信用风险管理、反欺诈管理、反洗钱管理、征信管理，加强风险的防范与监控。

课堂研讨

说一说数字化与智能化有何区别。

拓展训练

1. 举例说出证券业智能化发展的一些案例。
2. 简述证券业金融科技的发展阶段。

任务二　智能投顾

任务描述

在证券投资中，每天会看到大量的数据，投资者为了让自己买一只靠谱的股票，就需要考虑公司发展、行业状况、宏观指标，这个过程就叫作投资研究。市场机会遍布在各个行业，但是人的精力是有限的，假如对 A 股 3000 多只股票逐一进行研究的话，必将是一项巨大的工程，智能投顾便是利用 AI 技术来解决这个"痛点"的。

王冬冬是金融科技应用专业的一名在校大学生，对证券投资非常感兴趣，王冬冬认为要想更好地进行证券投资研究，就需要掌握更多智能投资的知识。

知识准备

一、智能投顾的概念

智能投顾是指运用智能算法技术、投资组合优化理论模型，为用户提供投资决策信息参考，并随着金融市场动态变化对资产组合及配置提供改进建议的服务。

目前的智能投顾主要有三种类型。

第一种是机器人投顾，全部决策和交易都由机器来完成。第二种是人机结合智能投顾，其特点是决策和交易都可以由机器来完成，但在智能决策完成、构成投资组合之后，加入了人工服务的环节。第三种是建议型投顾，计算机通过智能算法为客户的决策提供建议，客户自己是最终决策者和执行者。

二、智能投顾的优势

1. 降低投资门槛,扩大客户范围

传统的投资顾问一般以线下为主且只面对高净值客户,这使得投顾服务的客户人群较少,而智能投顾以机器人的方式进行投资组合管理,可以节约人力成本,降低了投资者的门槛。传统银行中私人银行服务的高净值人群一般以资产数百万为服务起点,而智能投顾的服务起点可以降低到资产数万元。

2. 降低管理费用

传统投顾大多采用一对一的服务方式,需要消耗大量的人工时间和精力,而智能投顾采取客户自动服务模式,实时跟踪市场趋势、客户账户资产等因素的变化,大幅简化了操作过程,缩短了交易时间,提高了服务效率。

传统投资顾问管理费率基本在 1% 以上,而智能投顾通过科技手段可以大大降低投资理财的服务费用,可以将费率降低到 0.3% 左右甚至更低。技术驱动下的更高性价比产品,可以得到更多客户的青睐。

3. 分散风险

相比传统的投顾风险过于集中的问题,智能投顾可以有更分散的风险敞口,可以实现市场板块、地域、企业规模、经济类型和期限结构等的分散;还可以实现投资产品的分散,涵盖股票(大盘股、中小创)、债券、国内 ETF、海外 ETF 和 QDII 等。

4. 理性决策

传统投资顾问主要依靠自身的专业知识和从业经验给客户提出投资建议,存在一定主观性。而智能投顾基于大数据和人工智能技术,可以处理海量信息,快速应对实际形势,能为客户提供更加理性、全面的投顾服务。

智能投顾能够相对准确地了解客户的风险偏好和收益预期,并通过后台算法为客户自动匹配合适的投资策略。高度自动化的流程使得投资的透明度和流动性大大提高,不但可以为客户提供个性化的资产配置方案,也可以给客户更多信息权限,以增强客户对智能投顾的信赖感。并且,智能投顾能够预先设定止盈止损点并严格执行,避免投资者因感性而作出不理智的决策。

三、智能投顾的流程

市场上各公司都开拓了自己的智能投顾平台,一般来说都包括以下几个内容:用户画像、动态资产配置、投资组合选择、投后风险管理等。

1. 用户画像

用户画像是数据分析的重要工具,通过抽取客户信息,运用数据分析工具,了解客户需求,从而进行精准营销。大数据通过 KYC (know your customer)问卷生成客户画像,提供符合投资者偏好的精准投资建议,提升客户兴趣和好感度。

2. 动态资产配置

动态资产配置指基于客户画像形成千人千面的资产配置策略,用智能投顾量化模型在能够确认可观利益和低回撤损失的基础上,从多项基金类别之中筛选创建有收益价值的投资组合。

3. 投资组合选择

平台提供丰富的金融资产标的，并对其梳理、分类以备资产配置，按照用户的投资偏好、风险承受能力、收益预期等多种因素并结合多因子打分法筛选产品，把可能产生正收益的产品筛选出来，并确定每个产品的权重比例，做到低波动、严回撤、稳收益。

4. 投后风险管理

投后风险管理则是非常重要的一个环节，通过全天候（7×24 小时）地跟踪监控范围，智能投顾可以对客户持仓业绩进行跟踪，随着市场动态行情定期进行调仓，对持仓进行风险管控，为客户提供更多保障，并且随着市场的变化，实时监测现有投资组合和目标组合的偏差，若偏差达到一定阈值，则触发调仓机制，自动对现有的资产组合进行资产再平衡调整。

四、智能投顾在证券业应用实践

（一）证券公司智能投顾服务

目前在智能投资顾问领域，很多券商为客户提供了“个性化 + 场景化 + 智能化”的贴身财富管家服务。

1. 智能咨询服务

随着技术发展，目前一些券商 App 以多样化投教内容、个性化精准推荐、沉浸式直播体验等为用户提供优质资讯服务。其中包括从入门、经典到高阶等不同等级的课程内容，风格上涵盖基本面选股、技术面择时、基金理财、投资尝试、高端及另类资讯等类型，满足不同偏好、风格的投资者需求，为各类投资者提供周到的投资者教育服务。通过解析新闻热点、研报观点、个股资讯、行情解读、理财产品、智能化功能等服务内容，匹配客户投资标签与资讯内容标签，对用户关注的自选股票热点资讯、产业链新闻、股价异动等内容进行分人群精准触达，形成个性化精准推荐的资讯信息流。充分利用直播等形式，在线投资顾问通过图文直播形式向客户实时解析市场走势及资讯消息，提供有温度的“人机合一”的伴随式服务。

2. 智能客服

智能客服是以投资决策辅助服务为定位，以自然语言处理、机器学习、大数据分析为基础，建设“人、货、场”深度融合的客服。客户可以通过 App、电脑交易客户端、理财公众号、客服电话等非现场方式和手段获得服务。

某券商 App 主打账户诊断、个股诊断、因子选股和资产配置等多项功能，推出了“超级电波”等智能辅助决策工具。根据量化回测报告，这些智能辅助决策工具的成功率比当前市场同类产品更高，推出后得到了热烈反响。平安证券则通过将资深投资顾问的价值判断逻辑与大数据筛选结合，分析客户的实际持仓和收益情况，为客户提供持仓诊断、个股诊断和换股建议。

3. 智能交易

智能技术可以为海量长尾客户提供覆盖投前、投中和投后全生命周期的智能化投资决策辅助服务，以场景化投前服务、特色化投中服务、伴随式投后服务优化客户投资体验。智能投顾可以针对不同股票筛选偏好的用户，提供技术形态、题材热点、基本面财务指标、自定义条件等多个投资逻辑维度的智能选股服务，支持用户根据投资偏好，通过智能选股功能提供的数百个选股条件因子灵活创建配股策略。智能订单针对投资者无暇盯盘的交易场景，依据投资者先行设定的盯盘条件，在择时、下单及后续的跟踪提醒流程中提供行情监控、自动化委托等一系列智能交易服务，以提高交易执行效率，节约时间成本，避免情绪干扰。

4. 智能投顾的发展趋势

目前券商推广投顾难点主要在于投前获客和投后维护，因此围绕客户生命周期做数字化运营已成为券商触达客户的主要形式，即前期构建用户投资意识、建立品牌壁垒、培养忠实用户，中期提供伴随式服务，后期以不同的策略唤醒用户，将数字化运营贯穿客户生命周期，形成线上投资闭环。

证券行业基金投顾正处于起步阶段，主要有两种模式：提供多种基金组合，由用户自行选择；根据客户的用户画像和问卷调查，智能匹配投资方案。基于大数据、人工智能等新技术，刻画精准用户画像，推荐多元化的资产配置方案，是当前券商践行数字化、智能化、自动化财富管理的主要模式。

面对投资者不断进场的趋势，投资者教育也是智能投顾的重要抓手之一。当前证券市场的投资者以年轻人为主，结合主流投资者喜好的元素，建立分层级、分需求的智能化投教体系，已经成为券商提升客户的投资体验、做好差异化的发力方向。

随着人口结构变迁，投资者偏好变化，媒介具象化升级在证券业体现得十分突出。智能投顾很多都上线了视频直播功能，视频与直播已成为券商进行数字化营销、丰富内容生态的重要形式。一方面能够拉近与用户的距离，获得用户的信任；另一方面通过不断深化用户财富管理意识，为投顾品牌发声，实现流量的有效转换。

（二）证券公司应用智能投研

智能投研是智能投顾的应用，主要是给金融机构员工赋能，帮助投资顾问基于多样化的智能投研应用，辅助投资决策和服务生产，赋能投顾。通过知识图谱技术的应用，在内外部数据源的基础上，构建证券领域知识图谱，实现智能资讯、舆情预警、自动报告、公告分类等具体智能投研应用。

智能投研是利用金融机构科技手段辅助金融投资研究与决策，从而降低交易成本、提高投研效率、增强分析精准度、排除隐藏风险的研究手段。通过利用人工智能、区块链、云计算、大数据等技术，金融机构在深入理解金融业务模式的基础上，赋能于金融投资研究、决策、交易与风控等各环节。智能投研可以从宏观视角到微观视角对经济周期、经济现象、经济数据与市场表现进行全方位综合性分析与研究，深入事物内部，挖掘各事物之间的内在联系，找出各事物的本质规律，从而锁定潜在的投资机会。智能投研可为券商研究部门、基金公司等金融投资与研究机构提供研究与投资决策的智能化助手，提供金融研究分析与投资交易的一站式全流程服务。

在智能投研实际业务过程中，主要有以下几个流程步骤：

(1)数据采集：数据采集是智能投研业务最基础的环节，在选定需采集的数据范围后，系统将开发各类策略进行数据采集并有序存储，为智能投研其他业务环节提供相应的数据原料。

(2)数据处理：在取得基础数据之后，系统需要对原始数据按一定的业务逻辑进行清洗、筛选、提取、计算，通过对原始数据的分析，从而发现数据的规律。

(3)分析研究：分析研究是智能投研的核心与关键环节，需要分析者深入理解金融投资业务逻辑与分析逻辑，将这些内化到智能投研系统中，让智能投研系统具有相应的业务知识与经验。这个阶段可以采用趋势分析、时间序列分析、因子分析、事件分析、相关性分析等方法。

(4) 结果输出：智能投研会以观点或报告的形式呈现，为金融投资与研究提供相应的业务与决策支持。成果表现为 TXT、Word、图表、公众号图文、H5、音视频等形式。

在智能投顾领域，很多券商为客户提供了“个性化 + 场景化 + 智能化”的贴身财富管家服务，如中泰证券推出了“超级电波”等智能辅助决策工具，中泰齐富通 App 包含账户诊断、个股诊断、因子选股和资产配置等多项功能。根据量化回测报告，这些智能辅助决策工具的成功率比当前市场同类产品更高，推出后得到了热烈反响。平安证券则结合资深投资顾问的价值判断逻辑与大数据筛选，分析客户的实际持仓和收益情况，为客户提供持仓诊断、个股诊断和换股建议。

（三）个人应用智能投顾工具

同花顺开发了一款适用于个人投资者的智能投顾工具，如图 7–1 所示。

图 7–1　智能投顾工具

功能模块主要有信息、股票、基金、港股、美股、新三板、债券等，个人投资者常用的是信息、股票、基金这几个模块。信息模块主要是对企业的新闻、公告、研报等信息的整合，比如：在此处输入“工商银行”，可以得到如图 7–2 所示信息。

图 7–2　搜索信息界面

另外一个个人常用模块是股票模块，这个模块可以自定义输入条件，中间用逗号隔开即可，比如输入条件“近 5 年净利润 >100 亿，近 5 年 ROE>15%”，可以得到如图 7–3 所示结果。

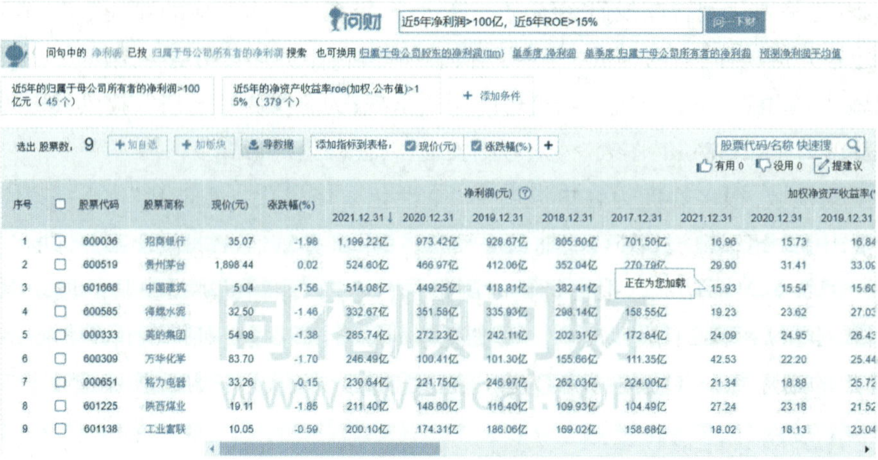

序号	股票代码	股票简称	现价(元)	涨跌幅(%)	净利润(元) 2021.12.31	2020.12.31	2019.12.31	2018.12.31	2017.12.31	加权净资产收益率 2021.12.31	2020.12.31	2019.12.31
1	600036	招商银行	35.07	-1.98	1,199.22亿	973.42亿	928.67亿	805.60亿	701.50亿	16.96	15.73	16.84
2	600519	贵州茅台	1,898.44	0.02	524.60亿	466.97亿	412.06亿	352.04亿	270.79亿	29.90	31.41	33.09
3	601668	中国建筑	5.04	-1.56	514.08亿	449.25亿	418.81亿	382.41亿	[illegible]	15.93	15.54	15.60
4	600585	海螺水泥	32.50	-1.46	332.67亿	351.58亿	335.93亿	298.14亿	158.55亿	19.23	23.62	27.03
5	000333	美的集团	54.98	-1.38	285.74亿	272.23亿	242.11亿	202.31亿	172.84亿	24.09	24.95	26.43
6	600309	万华化学	83.70	-1.70	246.49亿	100.41亿	101.30亿	155.66亿	111.35亿	42.53	22.20	25.44
7	000651	格力电器	33.26	-0.15	230.64亿	221.75亿	246.97亿	262.03亿	224.00亿	21.34	18.88	25.72
8	601225	陕西煤业	19.11	-1.85	211.40亿	148.60亿	116.40亿	109.93亿	104.49亿	27.24	23.18	21.52
9	601138	工业富联	10.05	-0.59	200.10亿	174.31亿	186.06亿	169.02亿	158.68亿	18.02	18.13	23.04

图 7-3　搜索结果界面

新版的问财还可以对选出的股票进行可视化分析，如图 7-4 所示。

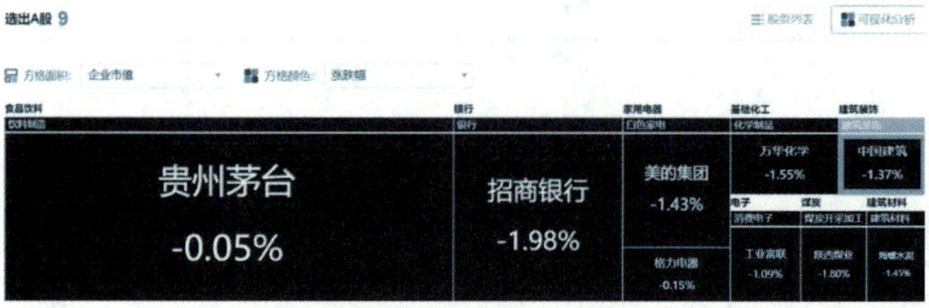

图 7-4　可视化分析

五、智能投顾的监管

2018 年《关于规范金融机构资产管理业务的指导意见》人工智能开展投顾业务走向正轨。2019 年《关于做好公开募集证券投资基金投资顾问业务试点工作的通知》，公募基金投资顾问业务试点正式落地，市场迎来代客理财、全权委托的投顾业务模式。2021 年证监会下发《关于规范基金投资建议活动的通知》、证协会出台《公开募集证券投资基金顾问服务业绩及客户资产展示指引（征求意见稿）》，监管政策密集出台，多家机构智能投顾被叫停，行业乱象被整治，标志着透明化、规范化、全新投顾时代的开启。

课堂研讨

举例说明智能投顾对投资者的重要意义。

拓展训练

1. 简述智能投顾的优势。
2. 为什么要对智能投顾进行监管？
3. 简述智能投研的过程。

任务三　金融科技赋能投资者教育

任务描述

当前，我国投资者数量已经迈入“2亿+”时代，其中约95%是中小投资者。数量庞大的投资者，他们的教育层次、投资能力、投资经验不一，需要利用数字化手段充分赋能投资者，保护投资者合法权益。

王冬冬是金融科技应用专业的一名在校大学生，希望通过获得更多的证券投资知识，为自己的证券从业之路打下基础。

知识准备

一、投资者教育相关概念

投资者教育是指证券经营机构、监管机构、交易所等机构面向投资者开展宣传证券政策法规、普及证券知识、传导理性投资理念、揭示投资风险、引导依法维权等活动。

从广义上说投资者教育活动也包含对投资者进行保护的含义。《中华人民共和国证券法》也对投资者保护进行了专门规定，证券公司向投资者销售证券、提供服务时，应当按照规定充分了解投资者的基本情况、财产状况、金融资产状况、投资知识和经验、专业能力等相关信息；如实说明证券、服务的重要内容，充分揭示投资风险；销售、提供与投资者上述状况相匹配的证券、服务。

投资者适当性管理，指证券经营机构在销售产品或者提供服务的过程中，勤勉尽责，审慎履职，全面了解投资者情况，深入调查分析产品或者服务信息，科学有效评估，充分揭示风险，基于投资者的不同风险承受能力以及产品或服务的不同风险等级等因素，提出明确的适当性匹配意见，将适当的产品或服务销售或提供给适合的投资者，并对违法违规行为承担法律责任。投资者适当性管理是规范投资者和证券公司之间权利义务关系的重要制度，从某种意义上来说投资者适当性管理制度就是投资者保护制度。

二、当前我国投资者教育的现状

1. 基本形成多层次投资者教育体系

2015年，中国证监会发布《关于加强证券期货投资者教育基地建设的指导意见》后，投资者教育基地开始正式走入公众的视野，证券机构成为投教中的重要队伍。截至2021年，全国已经有投教基地199家，其中国家级71家，包括证监会系统单位、市场机构、上市公司、高等院校、传统媒体、互联网平台、政府部门等。

与发达国家自下而上的投资者教育模式不同，我国投资者教育体系呈现从上到下的结构，监管机构和行业组织是投资者教育的主导力量，金融机构是投资者教育的主体，同时国民教育体系和第三方机构成为主要辅助力量，基本形成多层次、全方位的投资者教育体系。

2. 投资者教育的主要模式是通过“线上＋线下”共同推进

目前投资者教育的主要模式的形式不断丰富，最主要的方式是“线上＋线下”结合。中国投资者教育现状调查报告(2020)的数据显示，金融机构投教产品的投放仍以金融机构交易终端为主，投资者经常使用的比例为71.93%；线下讲座、沙龙等现场教育活动也是金融机构经常使用的投教渠道，占比为57.40%；“传统媒体”“纸质材料”的使用频率依然维持一定水平，比例分别为48.94%和51.72%。

3. 金融科技赋能是未来投资者教育的发展方向

由于金融市场的特殊性，投资者对投资者教育的需求存在极大的差异，不同投资者对投教内容方式的偏好各有不同，存在多元化需求，目前标准化的、“一刀切”的投教方式不能满足投资者个性化的需求。

三、金融科技助力推进投资者教育的方式

1. 利用新技术辅助投资者教育

金融科技包括大数据、云计算、人工智能等技术，这些技术手段可以更加有效地赋能投资者教育，克服单一的投资者教育方式。移动互联、大数据、云计算等金融科技手段可以分析不同投资者的风险承受能力、投资经验、个人偏好等内容，提供“菜单”可选式投教专题，精准推送相关投教内容。例如，国泰君安投教基地以“实体＋互联网＋科技”为建设理念，将现代科技与投资者教育相结合，创新性地运用机器人服务、智能柜员机、透明屏展示系统、人机交互平台、体感互动游戏、VR等高科技设备，打造投资者教育互动体验新模式。

2. 金融科技助力全周期投资者教育

投资者教育要进行全周期服务，包括投前启蒙、投中沟通、投后陪伴三个阶段。在投前阶段可以利用移动互联网技术普及金融知识，基于投资者行为特征数据形成完整客户画像，并结合不同类型投资者特征形成具有针对性的投资者教育方案，提供必要的投资工具，赋能客户，帮助客户树立投资信心。投中阶段要强化投资者适当性管理，利用先进技术，及时理解、响应投资者诉求，反馈投资者教育薄弱环节，提升投资者教育效能；充分利用大数据技术，做好投资者保护和风险提示，帮助客户了解自己，了解产品，合理匹配风险，做好信息披露，强化风险提示。交易决策环节，提升实时行情及各类交易工具、交易策略的可获得性，通过“授人以鱼”与“授人以渔”的结合，帮助普通投资者提升金融素养，减少金融机构在信息、技术方面的垄断优势。

由于证券市场波动较大，需要在投后阶段提供有温度的服务，与客户共同面对市场的周期轮动和牛熊交替，帮助客户理性客观看待市场情绪的反复和价格波动，实现与客户共同成长。根据投资者画像智能推送具有针对性的投资者教育内容，及时安抚客户情绪，形成有效陪伴。

四、投资者教育实训

1. 证券交易所投资者教育

证券交易所作为证券交易的平台和机构，承担了投资者教育的任务。我国上海证券交易所、深圳证券交易所、北京证券交易所的网站都建立了投资者教育的栏目，并且在投资者教育栏目中提供了大量的投资知识和投资规则，可以帮助投资者更好地学习证券知识，提升金融素养。

2. 证券公司投资者教育

2016 年来，证监会先后命名了 4 批共计 71 家国家级投教基地，其中 42 家为实体基地，29 家为互联网基地。上述 71 家投教基地涵盖交易所、券商、上市公司、高校和媒体等实体，其中隶属于券商的投教基地有 44 家，占比超过六成。证券公司作为投资者教育的主力，在金融科技、投资者教育方面有着独特的优势，可以利用自身的证券交易 App、网站、实体投教基地充分展开投资者教育工作。我们以一家证券公司的交易 App 为例来看证券公司是如何利用自身技术手段开展投资者教育的。

该 App 以多样化投教内容、个性化精准推荐、沉浸式直播体验等为用户提供优质资讯服务。

(1) 满足多样化学习需求的学堂：包括从入门、经典到高阶等不同等级的课程内容，风格上涵盖基本面选股、技术面择时、基金理财、投资常识、高端及另类投资等类型，满足不同偏好、风格的投资者需求，为各类投资者提供周到的投资者教育服务，如图 7–5 所示。

(2) 个性化精准推荐的资讯信息流：通过解析新闻热点、研报观点、个股资讯、行情解读、理财产品、智能化功能等服务内容，匹配客户投资标签与资讯内容标签，对用户关注的自选股票热点资讯、产业链新闻、股价异动等内容进行分人群精准触达，如图 7–6 所示。

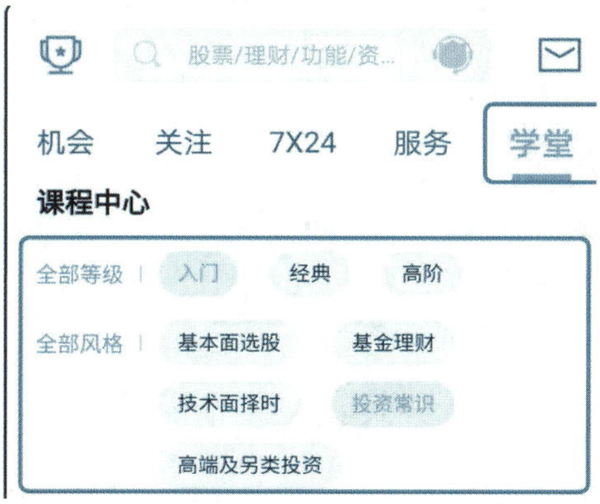

图 7–5　满足多样化学习需求的学堂

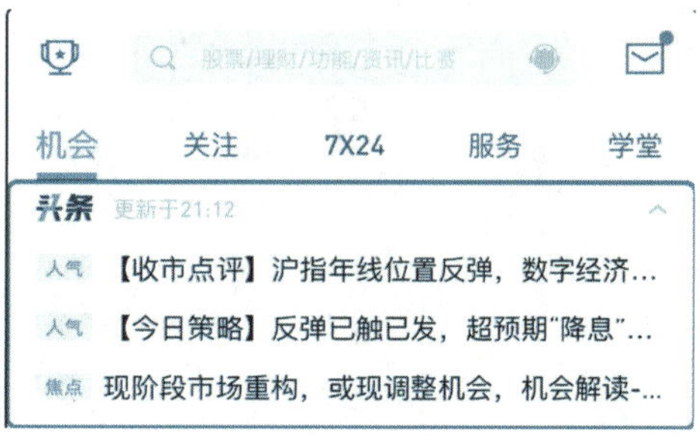

图 7–6　资讯信息流

(3) 沉浸式体验的视频直播体验：以沉浸体验、实时互动、标签匹配、精准推荐、创作生态构建五大特色优势，实现投资理财服务更自然有效触达，为投资者们提供更多专业观点，如图 7–7 所示。

(4) 智能客服：以投资决策辅助服务为定位，以自然语言处理、机器学习、大数据分析为基础，建设了"人、货、场"深度融合的智能客服，如图 7–8 所示。

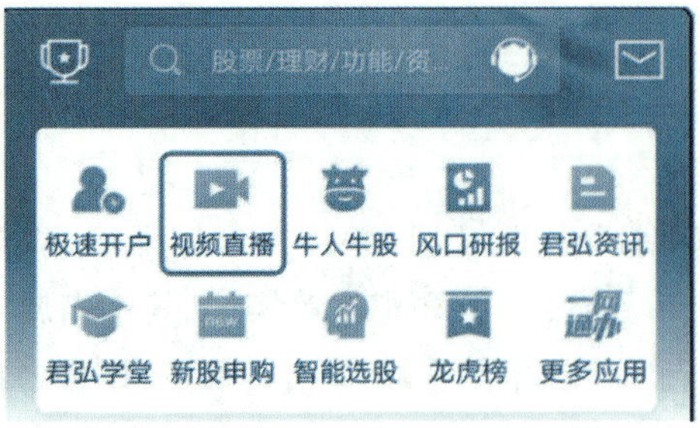

图 7-7　视频直播

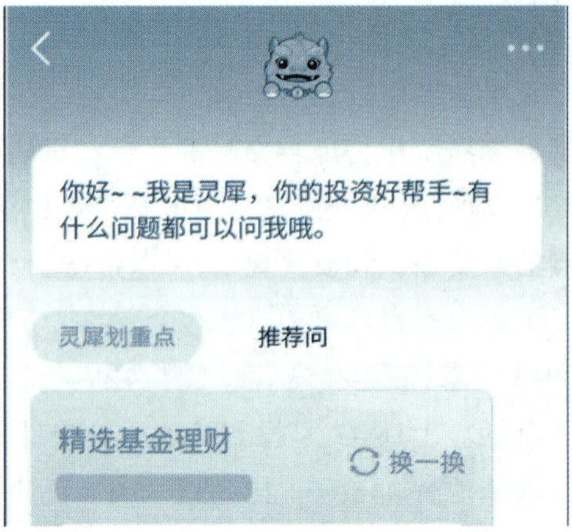

图 7-8　智能客服

课堂研讨

请在手机上下载某一家证券公司的 App，并找到 App 中投资者教育的内容，分析和研讨这个 App 中的投资者教育主要分为哪几类内容。

拓展训练

请课后通过向老师咨询、网络查询、亲戚朋友介绍等多种形式参加一次线上或线下的投资者教育沙龙。

项目八 金融科技赋能保险业

☆ 核心目标

职业能力

1. 能够运用金融科技相关基础知识,全面了解金融科技对保险行业的广泛影响;
2. 能对互联网保险的概念、特征、内容及智能保顾、智能理赔等有更准确的认知;
3. 能根据学习需要查阅相关资料。

职业素养

1. 具有金融科技思维能力;
2. 具有客观理性分析事物的职业思维。

☆ 知识图谱

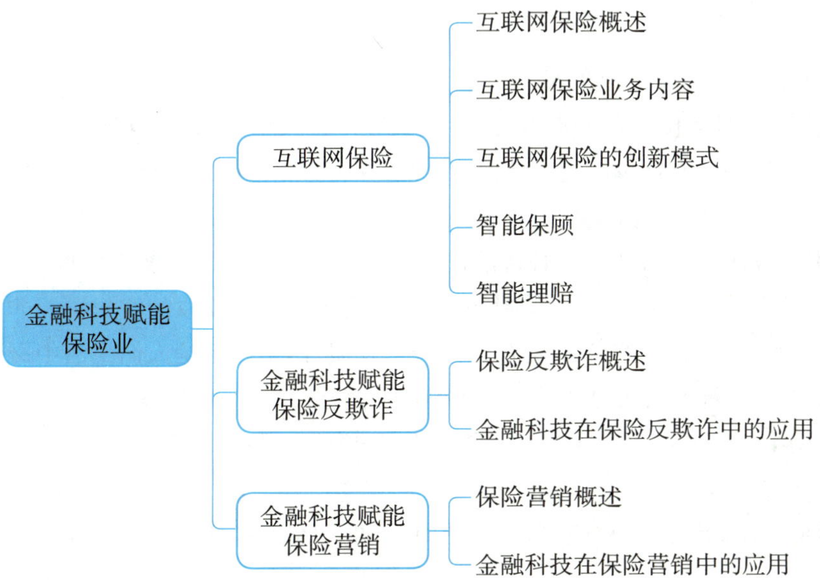

任务一　互联网保险

互联网保险

任务描述

近年来,互联网飞速发展,已经深深影响了老百姓的日常生活,保险行业也不例外,互联网已经深入渗透到保险行业。互联网为保险行业的经营管理和创新带来契机。

王冬冬在学习了金融科技的相关知识后，认识到金融科技对保险行业也产生了极大影响,这种影响首先体现为“互联网 + 保险”。

知识准备

一、互联网保险概述

（一）互联网保险概念

互联网保险是指保险机构通过互联网和自助终端设备销售的保险产品,消费者能够独立了解产品信息并自主完成投保行为。

互联网保险的基础是现代电子技术及网络通信技术,它不是一种单纯营销模式,而是一种与市场变革、市场竞争等有着紧密联系的经营模式。在互联网保险中,保险公司通过网络对公司产品进行宣传,客户可以在网络平台完成在线投保、在线理赔等保险服务,有效完成了保险公司与客户之间的交易。

（二）互联网保险特征

1. 精准划分客户群,设计个性化保险产品

互联网保险利用网络技术和大数据分析,收集客户相关信息,并根据客户信息挖掘其保险需求,将客户进行细分,进而有针对性地设计保险产品,并将其精准投放给目标客户群体。

2. 获取大量客户资源,打造品牌优势

客户资源是成功销售保险产品的必备前提。传统的保险营销需要通过营销员和代理中介的努力来获取新客户资源。人力和资源的限制,使得通过这种方式所获取的客户资源非常有限。互联网保险可以很好地解决这个问题。随着互联网技术发展,网络已经是人们生活中必不可少的组成部分，消费者上网浏览就可以从网络平台上获得各种信息,并且保险公司可以通过与第三方电子商务平台合作,利用第三方平台的影响力扩大自己的客户资源,提高自己的市场知名度。

3. 快捷方便,不受时刻限制

通过互联网开展保险业务,保险公司只支付低廉的网络服务费就可以全天在全球范围内进行

经营，跨过保险代理人、经纪人等直接与客户进行业务往来，大大缩短了投保、承保、保费支付和保险金支付等业务环节的时间。保险公司通过互联网可以有效地与各种人相互联系，特别是保险中介无法接触或不愿接触的客户，这样就能获取更多的业务，规模经济将更加突出，因而从理论上更加符合"大数法则"，有利于保险公司的经营稳定性。

4. 透明度较高，客户的自主性较强

传统保险营销的一个比较明显的弊端就是由于信息不对称造成销售误导现象频发。而在互联网保险中，保费透明，保障权益也清晰明了，消费者可以获得保险公司、保险产品与服务的详细信息，知晓其他客户对该保险公司、保险产品和服务的评价，挑选与自己需求吻合的保险产品。在整个流程中，客户是在主观认识并学习各种保险产品之后独立做出决策的，能有效改善销售误导的问题。并且，倘若客户有任何疑问，互联网保险所提供的沟通渠道使保险公司与客户之间实现零距离接触，避免了传统营销模式中代理人传递和反馈信息的滞后和失真。供需双方在高透明度的环境下进行交易，降低了销售信息的不对称性，有效减小了被销售误导的可能性。

5. 经营成本低，保费低

保险公司通过互联网能快捷、低成本地获取各方面的资料，既赢得了时间，又减少了机会成本，还在很大程度上节省了公司的人力、物力、财力，降低了公司的运营成本。成本的降低不仅使保险公司增加赢利，而且由于各种费用的减少，各险种的保险费率也得以降低，从而让保户也受益。

二、互联网保险业务内容

（一）发布信息

保险公司通过组建自己的官方网站，可以将保险公司信息和保险公司产品信息发布在互联网上，便于及时为客户服务，从而获得更多的市场机会，增强自身竞争能力。

（二）开发客户群

保险经营过程中最重要的任务之一是建立客户关系，掌握客户情况。互联网使用者往往具有较高的教育程度，对保险产品和互联网有着较高的接受能力。这有助于保险公司开发具有一定购买力和影响力的有效的客户群体。

（三）完成保险产品的承保

随着电子签名和网络支付等相关技术的发展与完善，互联网保险可以完全实现保险产品的在线承保。客户在浏览了保险产品信息、详细了解了保险产品的情况之后，就可以开始投保了。在投保环节，保险公司根据纸质投保单的内容设计投保的页面，要求投保人详细阅读保险条款之后认真填写投保单的内容，并采用电子签名，来表示这份投保单的有效性，并通过网络支付来完成保险产品的购买行为。

（四）客户服务

互联网可以打破时空限制，向全球客户提供 24 小时信息服务，可以用最快的速度将服务推向全球市场。

三、互联网保险的创新模式

（一）销售模式创新

互联网保险所依据的平台可以大致分为五类，包括官方网站（保险公司自营平台）、第三方电子商务平台、专业中介代理、网络兼业代理、移动互联网平台等，如图 8-1 所示。

公司	平台	简介	运营机构
中国人寿	国寿e家	人身保险	中国人寿电子商务有限公司
中国平安	网上商城、万里通一账通	人身险、车险、意外险以及小微团险	事业部负责
中国太保	在线商城	在线e购、车险直通车人身险	事业部负责太平洋保险在线服务科技有限公司
新华保险	网上商城	人身保险	新华电子商务有限公司
太平人寿	网上商城	人身险、车险、意外险	太平电子商务有限公司
泰康人寿	泰康在线	人身保险	事业部负责

图 8-1　互联网保险的平台

（二）互联网保险产品的创新形式

互联网保险产品可以分为平台保险产品和场景保险产品。平台保险产品指的是在互联网平台上销售的保险，包括传统的健康险、车险、意外伤害险，等等。场景保险产品指的是在消费者的生活、消费场景中融入保险产品，比较典型的有退货运费险、账户安全险、延保险等。

（三）技术创新

技术创新是指互联网技术与保险的有机结合，包括大数据技术引入并与保险的融合、人工智能技术引入并与保险融合、区块链技术引入并与保险融合等。例如，基于驾驶行为数据的差异化车险，通过在标的车辆上安装的车载诊断设备 OBD、车联网和智能手机等设备将驾驶者的驾驶习惯、驾驶技术、车辆信息和周围环境等数据综合起来，建立人、车、路（环境）多维度模型进行定价。

（四）服务创新

服务创新是利用互联网形式和技术提供创新服务的。例如，保险公司将客户对保险产品及服务的常见问题的回复放在网站上，供使用者随时查询，这样就可以打破时空限制，24 小时为客户提供信息服务。

四、智能保顾

（一）智能保险顾问的概念

“智能保顾”，即智能保险顾问，是人工智能在保险营销中应用的核心场景，指的是基于人工智能、大数据等技术，自主为客户提供风险测评、保险知识问答、保险需求分析、保险产品对比和推荐、保单管理等服务的智能化保险顾问。智能保险顾问并非只有单独的程序，它也可以嵌入保险企业 App 或公众号中协助保险公司运营，用户在浏览官网或者使用 App 时会注意到这个应用产品。其中，传统保险公司、互联网保险公司、保险中介公司都开发了智能保险顾问，常见的有太平洋保险的阿尔法保险，众安保险的众安精灵，阳光保险经纪公司的大白智能保险顾问。

（二）智能保顾在保险行业中的运用

1. 阿尔法保险

2017 年 9 月，太平洋保险研发出了阿尔法保险，可以通过微信小程序、App、官网找到阿尔法保险。它包括风险测评、智能问答和产品推荐的功能，并且可以对整个家庭成员的风险进行测评，给出各自的保险方案。

阿尔法保险的优点：良好的交互性，保险基本知识收录较全面，有利于保险基础教育；通过与其简单沟通可以帮助人工顾问提前了解用户的基本情况和需求；通过回答问题的方式进行风险测评，提升了用户使用智能保险顾问的科技感和趣味性。阿尔法保险的缺点：其推荐的产品仅限于太平洋保险公司的产品，产品种类单一；对于重疾险这类投保流程比较复杂的产品，需要预约人工保险顾问；存在识别不了文字或语音的情况，对于产品的具体情况还需客户自己阅读理解或者联系人工了解。

2. 众安精灵

2018 年 4 月，众安在线财产保险股份有限公司（简称众安保险）上线众安精灵（简称精灵）。它可以进行风险测评、知识问答、产品推荐，还能进行医院查询、保单管理。由于众安保险是财产保险公司，因此推荐的产品主要有疾病保障（医疗险、一年期重疾险）、意外保障（意外险）、车财保障（家财险、车险），可以自己直接购买，也可点击咨询客服。用户可以与精灵进行智能对话，精灵会给出专业解答并推荐众安保险的相关现存产品，还可以进行附近二级及以上公立医院的查询，获取医院的地址、电话。

众安精灵的优点在于其功能丰富，精灵的对话是语音形式，具有较强的趣味性，有关保险基本知识的解答较为专业，风险报告直观简洁。缺点在于推荐的产品限于众安保险的产品，对于长期健康险的选择不足，也存在无法识别或回答语音文字发送的问题的现象，对于产品的具体内容仍然需要客户自己阅读理解或者联系人工了解。

3. 大白智能保险顾问

2018 年 1 月，阳光保险经纪公司与复旦大学合作开发大白智能保险顾问（简称大白）。大白智能保险顾问具有风险测评、产品推荐、智能问答、保单管理和疾病测评的功能。智能问答是指用户可以通过文字或语音与大白进行交流，包括产品、流程和服务相关问题，例如：重疾险如何选购？产品的理赔流程是怎样的？如何进行理赔报案？保单管理是指用户可以通过纸质保单拍照或者手动填写上传保单，之后可以在保单托管界面查看相关保单情况。值得一提的是大白的疾病测评功能，可以通过回答相关问题测试关于恶性肿瘤、心脑血管和代谢疾病的发病率，提高用户的健康管理意识。

五、智能理赔

在大数据时代，数据的广度和深度都显著增加，数据挖掘技术和方法显著改变，将对核保作业带来深刻影响。与风险相关的数据十分丰富，各保险公司积累的保单数据、客户数据、赔付数据等深度数据正逐步实现共享，形成保险行业级数据。

（一）用行业级数据替代企业级数据，加强精度

1. 全行业累计风险保额

累计风险保额，指被保人所有已生效的及正在投保的寿险、意外险和重大疾病险保险合同中，保险公司可能给付的累计最高金额。累计风险保额是核保的关键因素。在传统的数据模式下，保险公司仅能计算被保人在本公司的累计风险保额，但无法知晓被保人在其他公司的风险保额，这是核保中的一个风险盲点。保险行业数据共享之后，被保人在全行业的累计风险保额可以准确得知，数据的精确度得以提高。

2. 全行业黑名单

当前，保险公司只能根据其经营的历史经验及央行黑名单等制定自身的黑名单。保险行业数据共享之后，保险公司能根据整个保险行业数据制定行业级黑名单，为谨慎核保提供更多支撑。

（二）改变数据获取方式，提高效率

1. 用征信数据来核验个人基本信息

年龄、职业、婚姻状况是重要的核保因素。例如，被保人职业与其死亡率及发病率相关性很大，保险公司可根据不同职业类别设定高低不同的保费。而职业信息实际造假频发，查验成本高，保险公司可使用央行征信中心或其他征信公司提供的征信数据，进行职业信息的可靠、快速、低成本校核。同样地，征信数据也可用于年龄、教育程度、婚姻状况等个人基本信息核验。

2. 用保险相关资产替代财务证明

针对高额保件，保险公司一般需要被保人提供财务资料，包括个人收入证明、个人资产证明（银行存款、房屋产权、有效汽车行驶证、有价证券）等客观文件和资料。客户准备这些材料耗时耗力，消费体验差，且材料存在作假风险。保险行业内部积累了大量与财产相关的数据，可在一定程度上替代上述财务证明。第一，通过车险数据可获得被保人名下的车辆资产、更换频率，替代汽车行驶证第二，通过家财险数据可获得房屋资产信息，替代房屋产权证明；第三，通过投资型保险产品数据可获得其收入状况、有价证券等信息。将来保险行业与银行、电商平台等第三方合作，会有更多的指标（如信用卡额度、电商平台年度消费额）来测量被保人的经济状况。

3. 利用健康险历史理赔数据了解既往病史，并推测健康现状，在一定程度上替代体检

健康险的理赔数据详细记录了被保人的历次就诊情况及费用，是被保人既往病史全面记录的重要数据，也是评估被保人当前健康状况的重要数据，在很大程度上可替代体检。此外，通过关联保单，可获得直系亲属健康险、寿险的历史理赔数据，根据医学知识推测被保人的家族病史状况。今后，保险业内部数据与社保数据、医院诊疗数据实现共享，历史理赔记录将发挥更大作用。

（三）增加新的核保因素，提升效能

一般来说，核保因素越多，核保结论的可信度越高，可在现有的核保因素基础上引入新的核保

因素。在实践中，律商联讯集团将居住地址、电话、水电煤气记录、职业证书、教育历史、破产情况、抵押情况、判决情况等非传统数据引入赔付率预测模型，效能提升高达30%。

1. 信用记录

美国联邦贸易委员会2007年的报告证实，信用好的消费者，其未来索赔率较低。我国已在信用保证保险、国内贸易信用保险等领域使用央行征信中心的信用记录进行风险评估，今后可将信用记录用于寿险的风险评估与核保。

2. 生活消费方式

通过可穿戴设备实时监测人体健康数据，也可利用被保人在网上的购买信息、关注信息、点击流等数据，分析被保人的健康风险。通常，生活作息规律、经常健身的被保人，其健康状况较好。

3. 位置信息

个人位置信息与被保人生活稳定性、行为可预测性等风险密切相关。在大数据技术的支持下，被保人位置信息可通过手机准确、快速、低成本地记录、传输、分析与使用。

（四）开发一体化核保引擎

通过用行业级数据替代企业级数据、提供新的数据收集方式、提供新的核保因素，核保规则将更为精细，核保资料收集将更为便捷有效。但要解决核保结论定量化不足问题，则需要一体化核保引擎发挥作用。可尝试在新数据来源、新核保因素的基础上，不断进行数据积累和自动学习，开发一体化核保引擎，将被保人整体风险程度通过模型进行量化与预测，将传统的定性决策转变为定量决策，提高寿险自动核保的比例，降低整个行业的核保成本。

课堂研讨

举例说明金融科技对保险行业的影响。

拓展训练

1. 简述互联网保险的概念及特征。
2. 以某一家保险公司智能保顾为例，说明如何利用智能保顾进行投保。
3. 请分析智能理赔与传统理赔的差异。

任务二　金融科技赋能保险反欺诈

任务描述

王冬冬在学习了金融科技的相关知识后，还想要了解关于保险反欺诈的内容。

知识准备

一、保险反欺诈概述

（一）保险欺诈概念

保险欺诈国际上一般也称保险犯罪，严格意义上说，保险欺诈较保险犯罪含义更广。保险当事人双方都可能构成保险欺诈。凡投保人、被保险人、受益人一方不遵守诚信原则，故意隐瞒有关保险标的的真实情况，诱使保险人承保，或者利用保险合同内容故意制造或捏造保险事故，以谋取保险赔付金的，均属投保方欺诈。凡保险人在缺乏必要偿付能力或未经批准擅自经营业务，并利用拟订保险条款和保险费率的机会，或夸大保险责任范围诱导、欺骗投保人和被保险人的，均属保险人欺诈。保险欺诈一经实施，必然造成危害结果，有必要严加防范。

（二）保险欺诈的现状

1. 投保人、被保险人、受益人一方的欺诈表现

投保人、被保险人故意隐瞒真实情况，诱使保险人承保，而后伺机骗取保险金。例如，已发现或确诊严重疾病和不治之症，却故意隐瞒不做申报，竭力建立保险合同关系；已办好住院手续而后投保疾病保险，不做如实告知；已发生保险事故再行投保，并伺机等待恶劣气候，擅改事故发生日期；等等。

不具有可保利益投保，未经被保险人同意，私下投保以死亡为给付保险金条件的合同，或未经被保险人书面同意认可保险金额，甚至篡改保险金额骗赔。例如，未婚夫妻投保以死亡为给付保险金条件的保险，有的还蓄意涂改保险金额，而后制造意外事故，加害被保险人，骗取保险金。

故意制造损失和意外事故。有的企业经营亏损，却故意高额投保，并在保险期间纵火，或造成机动车辆损毁，或乘暴雨之机有意将滞销商品浸湿，企图以保险赔偿金弥补经营亏损。人身险中投保人或受益人故意杀害被保险人，或伪装第三者杀人和被保险人自然死亡，或伪装交通事故和其他意外事故导致被保险人死亡；有的被保险人自残，或除外责任期后自杀谋取保险金。

故意扩大损失程度。保险标的遭遇保险责任范围内的部分损失，被保险人不仅不积极施救，而且故意将库存积压品损毁，企图获取更多赔偿金；有的投保健康险，虽已痊愈仍不肯出院，诈领额外保险金和医疗补贴。

故意虚构保险标的，捏造保险事故，谎称发生了保险事故。投保人以无经济利益的他人车辆、财物虚报为已有经济利益的标的进行投保，或将其他非保险标的损毁伪装成保险标的损失，或将他人尸体混充为被保险人尸体，或伪装自杀，企图骗取赔付金。

伪造、变造与保险事故有关的证明资料和其他证据，或者指使、唆使、收买他人提供虚假证明资料，或者编造虚假的事故原因。如虚列损失清单，伪造死亡证明，伪报失窃物品数量和价格；被保险人自然死亡伪称意外事故死亡，谋取双倍保险金。

通过上述种种欺诈谋骗表象，不难发现其实质是相同的。那就是利用保险特性，以较小的保险费支出，蒙混诱骗保险公司，力求获取高于保险费若干倍乃至几十倍的保险赔付金。

2. 保险公司业务人员以及代理人的欺诈表现

引诱欺诈投保人或暗示投保人不如实告知，或超额承保，私下许诺给予回扣及其他利益，或与投保人串通共同谋骗。

保险公司工作人员利用职务上的便利，故意编造未曾发生的保险事故，虚假理赔，或与被保险人、受益人串通涂改保险合同档案资料，使之符合保险事故条件，私分保险赔偿金。

综上所述，不论是投保人、被保险人、受益人的欺诈，还是保险公司业务人员以及代理人的欺诈，其社会危害都是极大的，不仅直接造成保险标的物的经济损失、被保险人的人身伤害，侵害了社会他人的合法权益，而且损害了社会公共利益，违反了保险基本原则，破坏了保险公平、公正的交易秩序，阻碍了保险制度顺利发展的进程，因而保险界称保险欺诈为“黑色逆流”。因此，我们在揭示了保险欺诈犯罪的种种表现和内在本质之后，有必要提出防范保险欺诈的对策措施。

（三）保险反欺诈的现状

根据近年来曝光的信息，我国的骗保案件数量较大，其中以车险骗保最为严重，通常以汽修厂作案和驾驶员顶包案件为主。据新华社报道，根据相关机构对保险诈骗司法案件的数据统计，全国车险欺诈在保险欺诈案件中占比高达 80%。为了根治骗保这一行业痼疾，2018 年 2 月 11 日，中国保监会印发了《反保险欺诈指引》（下称“指引”），该指引于 2018 年 4 月 1 日起施行，明确“保险机构应当承担欺诈风险管理的主体责任，建立健全欺诈风险管理制度和机制”。随着科技发展，越来越多的技术解决方案应运而生，其中人工智能技术、大数据技术、区块链技术成为打击保险欺诈的关键技术。

二、金融科技在保险反欺诈中的应用

（一）声纹识别技术

心理学家研究发现，在工作生活中人们的喜、怒、哀、乐、惊、恐、厌的心理特征会呈现不同语音特征。在保险反欺诈实际工作中，不同情绪特征会呈现不同的语音特征，代表着一定的线索，可以帮助保险理赔人员更好地识别风险。例如，当客户虚假报案，被坐席问到事故信息时，他回答往往会比较怯懦。保险公司根据历史欺诈案件报案音建立音频识别库，应用到车险报案环节，通过报案录音对比音频识别库来提示案件欺诈风险。

应用案例：2020 年 1 月某日下午，驾驶员孙某向保险公司报案称，他驾驶大众小轿车转弯碰撞了第三者车，案件由保险快速理赔处理。保险公司通过音频识别发现，接报案坐席在问到“驾驶员与车主关系”时，驾驶员语态发现明显变化，音频识别系统将本案风险推送至理赔调查人员，调查人员经过调查发现驾驶员为修理厂员工，在车主不知情的情况下，将客户在厂保养车辆开到路上与其他车辆摆放现场，骗取保险赔款，案件经保险公司调查，最终成功侦破。

（二）SNA社交网络

SNA 社交网络是美国密歇根大学 Lada Adamic 教授提出的一个聚类分析算法概念，是通过研究人与人之间的关联关系而作出社交判断的一种算法。举个例子，比如 A 车辆甲和乙都开过，B 车辆乙和丙都开过，C 车辆丙和丁都开过，那么可以认为甲、乙、丙、丁存在社交关系（一个团体）。目前保险公司主要使用的数据为车、人、电话等信息，通过关联关系建立风险模型，数据聚焦欺诈案件的背后团伙，该技术对识别欺诈骗保团伙的精准度较高。

应用案例：2019 年 7 月，某保险公司风险监测平台预警显示，张某频繁驾驶不同车辆在多起双方事故中出现，存在团伙故意欺诈嫌疑，后经保险公司调查深挖，又关联出李某、赵某等人，并关联出一个汽车美容修理厂，经过串并联审计，最终一个以某汽车美容店老板为主的欺诈骗保团伙浮出水面。该团伙以汽车美容店老板吴某为主，利用车主将车辆放在店内做美容保养的机会，指使店内员工将车辆私自开出，通过店内车辆互碰、道路随机碰撞其他车辆、敲诈勒索其他酒驾司机等手段，故意制造欺诈事故百余起，涉案金额高达百万元。保险公司了解后向公安机关报案，公安机关通过侦查突击，一举打掉了该团伙，维护了当地的交通治安秩序，净化了保险理赔环境。

（三）区块链在保险反欺诈中的应用

区块链是一个分布式的共享账本和数据库，具有去中心化、不可篡改、全程留痕、可以追溯、集体维护、公开透明等特点。区块链技术作为一种革命性的创新技术，在保险反欺诈方面有较高的应用价值。比如在行业理赔数据共享方面，利用区块链分布式多方记账特性，保险公司可以打通链上参与各方自有的客户和案件数据，实现链上行业保险数据互通、交叉互验和共享，打破数据孤岛限制，实现行业信息共享。保险公司之间通过出险信息、定损信息、赔付信息等信息的共享，能有效识别重复赔付、套用旧件、虚构损失等欺诈风险。

（四）大数据在保险反欺诈中的应用

借助大数据手段，保险企业可以识别诈骗规律，显著提升骗保识别的准确性与及时性。保险企业可以通过构建保险欺诈识别模型，大规模地识别近年来发生的所有赔付事件。保险企业先从数万条赔付信息中筛选出疑似诈骗索赔案件，再根据疑似诈骗索赔展开调查，进而有效提高工作效率。此外，保险企业可以结合内部、第三方和社交媒体数据进行早期异常值检测，包括客户的健康状况、财产状况、理赔记录等，及时采取干预措施，减少先期赔付。

课堂研讨

举例说明金融科技对保险反欺诈的影响。

拓展训练

1. 简述保险欺诈的概念及类型。
2. 分析传统保险反欺诈与借助科技的保险反欺诈之间的差异。

任务三　金融科技赋能保险营销

任务描述

王冬冬在学习了金融科技的相关知识后，想知道金融科技是如何赋能保险营销的。

知识准备

一、保险营销概述

（一）保险营销的概念

菲利普・科特勒提出，企业应该广泛、细致地掌握客户的购买心理，根据客户情况反映客户需求，从而对有不同需求的客户进行针对性的推销，提升营销效率。现今，企业积极利用互联网等相关技术，对客户画像、细分市场主体，在合适的时间，通过合适的渠道，以合适的价格向客户推送合适的商品，如此一来，在相同的营销成本下，精准营销会带来更高的购买率，从而让企业获得超额收益。保险精准营销，顾名思义就是保险企业利用精准营销这一方式，来获取经济利益。与其他机构的精准营销不同，保险机构在获取承保对象信息时，需要双方秉承最大诚信原则，不能有任何欺诈和隐瞒，这也就为保险企业实施精准营销提供了更为准确的信息，从而为保险企业实施方案提供了有力保证。

（二）保险营销的现状

数字经济以信息技术为基础，这表现为在这种经济形态下，信息获取变得尤其简易、方便，保险公司和客户不仅能通过线下渠道，还可以通过线上平台获取彼此的信息资源。信息采集渠道广泛化，采集的信息更加详尽、具体。由众多云平台构建而成的网络数据源，成为保险企业信息采集最有效的来源地，降低了保险人与投保人之间的信息不对称性。

二、金融科技在保险营销中的应用

（一）大数据助力保险营销

在运用大数据进行精准营销时，首先要建立数据库。数据来源于保险公司的内部数据和官网积累的相关数据，如客户的年龄、性别、信用情况等。保险公司还可根据客户的消费数据、信用卡使用情况来判断客户的消费偏好和经济能力。数据库建立完成后，保险公司通过对数据库里的数据进行分析，确定精准营销的对象，有了目标客户，再进一步分析目标客户的特征，根据不同的客户风格和需求进行精准营销。最后，借助大数据对营销活动的效果进行评价，对于不再续保甚至是退保的订单进行调查分析，了解展业、售后服务中的不足，不断进行改善，努力降低客户流失率，同时，将这些数据再次反馈到数据库中，为下一次营销做准备。

（二）人工智能在保险营销中应用的案例

1. 阿尔法保险

太平洋保险研发出的阿尔法保险，包括风险测评、智能问答和产品推荐等功能，可以对整个家庭成员的风险进行测评，进而给出各自的保险方案，如图 8–2 所示。

风险测评是指用户通过回答阿尔法保险提出的相关问题，包括测评人员的家庭成员、年龄、生活的城市、是否有社保、健康生活习惯、旅行或出差的频率、年收入、买房买车情况、日常支出、其他资产，进而对各个家庭成员进行保险配置和产品推荐。

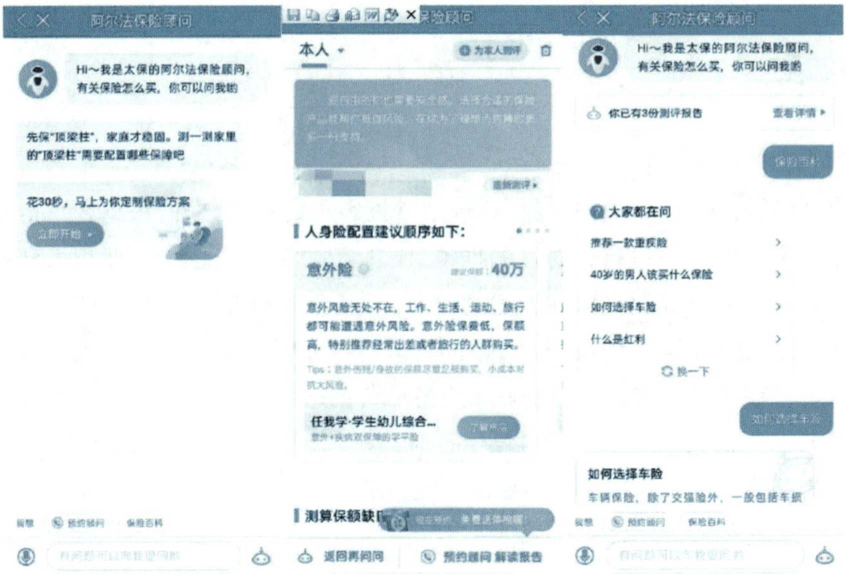

图 8-2　阿尔法保险顾问

2. 众安精灵

众安保险推出的众安精灵可以进行风险测评、知识问答、产品推荐，还能进行医院查询、保单管理。

风险测评可以对用户及其家人进行测评，问题包括性别、年龄、职业、出行的交通工具、出差或旅游计划、投保的其他保障、投保预算等。由于众安保险是财产保险公司，因此推荐的产品主要有疾病保障、意外保障、车财保障，可以自己直接购买，也可以点击咨询客服购买。用户可以与精灵进行智能对话，精灵会以语音的方式回复，如图 8-3 所示。

图 8-3　众安精灵的功能展示

3. 大白智能保险顾问

2018 年 1 月，阳光保险经纪公司与复旦大学合作开发大白智能保险顾问（简称大白），其中，风险管家品牌依托于阳光保险经纪，持有银保监会批准的全国范围的互联网保险经纪牌照，并且对接了国内外 50 多家保险公司。

大白智能保险顾问具有风险测评、产品推荐、智能问答、保单管理和疾病测评的功能，如图 8–4 所示。根据风险测评员大白向客户提出的问题，系统会智能生成一份报告，将提问涉及的风险分为三类，分别是健康风险、意外风险和家庭风险，并推荐相关重疾险、医疗险、意外险产品。大白另有疾病测评的功能，并构建了中国保险疾病知识图谱，风险测评结果的展示比较形象，让人能直观地了解到自身面临的相关风险。

图 8–4　大白智能保险顾问的功能

课堂研讨

举例说明金融科技对保险营销的影响。

拓展训练

1. 简述保险营销的概念。
2. 分析人工智能在保险营销中的应用。

项目九

金融科技的风险

☆ 核心目标

职业能力

1. 能认识到科技给金融的发展模式带来深刻影响的同时，也带来了新的风险；
2. 能对机构、用户所面临的金融科技风险进行分析；
3. 能根据学习需要查阅相关资料。

职业素养

1. 养成对风险警惕的习惯；
2. 养成对事物进行分析的客观、敏感的职业思维。

☆ 知识图谱

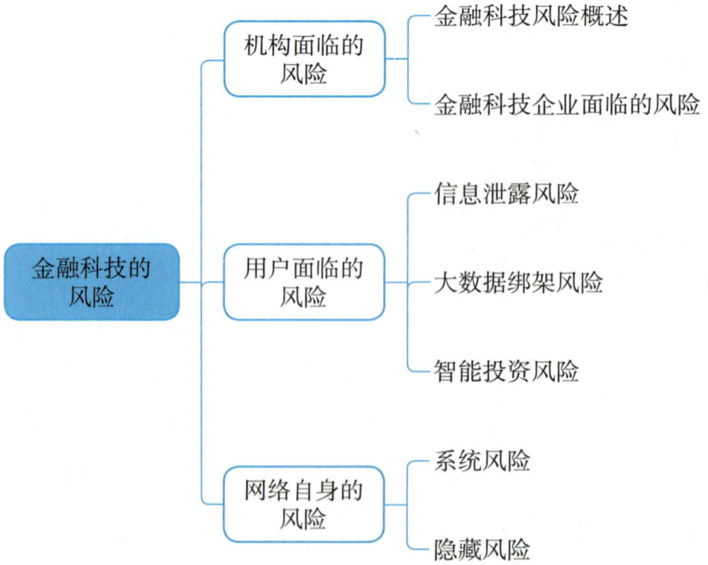

任务一　机构面临的风险

任务描述

经过一段时间的学习,王冬冬对金融科技及其应用场景有了较多的认识,同时他也意识到,金融业本身就是一个与风险相伴的行业,防范和控制风险是永恒的主题。因此,王冬冬想了解金融科技企业会面临哪些主要的风险。

知识准备

一、金融科技风险概述

金融科技风险指金融科技企业(包括非金融企业以及金融机构)在经营发展过程中,由于制度因素和非制度因素致使资金、财产和信誉遭受预期、非预期或灾难性损失的可能性。

金融科技具备金融与科技的双重属性,从而具有两类风险。

一是传统金融风险,即流动性风险、信用风险、市场风险、操作风险和法律风险。金融科技提升金融服务的效率,但金融风险的属性并没有因金融科技的应用而发生实质性变化。在金融科技时代,传统金融风险仍然存在且发生了一些新的变化。金融业务经过复杂程序编码后,各类传统金融风险在信息科技环境下以更加复杂隐蔽的形式呈现。

知识链接

信用风险,又称为交易对手风险或履约风险,是传统金融风险最主要的类型。金融科技的广泛运用在提高金融服务便捷性与可获得性的同时,也降低了客户的准入门槛,从而增大了信用风险。

流动性风险,是指企业在某一特定的时期因业务过于集中而产生资金流量缺口,导致无法偿付到期债务和无法满足业务发展需求的风险。在金融科技的广泛运用下,新型流动性风险主要源于资金错配、网络故障、金融科技企业不自律以及投资者的非理性投资。

市场风险,是指未来市场价格(利率、汇率、股票价格和商品价格)的不确定性对企业实现其既定目标的不利影响。其中,利率风险是金融科技面临的主要市场风险。金融科技企业的高收益率会导致传统金融机构为提升自身竞争力而降低贷款利率,如果金融科技企业没有足够完善的应对机制与较强的应对能力,容易受到利率波动的冲击。

操作风险,是指因不完善的内部程序、人员操作失误、系统缺陷或外部事件而造成损失的风险。人员操作失误与系统缺陷是金融科技企业产生操作风险的主要原因。

法律合规风险,是指金融科技企业因不符合法律法规的要求或因违反法律法规而给企业自身、消费者乃至整个社会带来损失的可能性。

二是金融科技特有风险，主要有技术风险、伦理风险等。其中，金融科技企业和金融机构面临的风险主要是技术风险，用户面临的风险主要是伦理风险。

二、金融科技企业面临的风险

金融科技企业面临的风险主要是技术风险，它是因大数据、云计算、人工智能、区块链等数字技术不成熟而带来的潜在风险。科技创新所固有的不确定性特征是金融科技风险的重要来源。

金融科技的技术风险主要指在金融科技的应用过程中，由金融科技自身的技术漏洞、系统缺陷、技术失灵等导致的金融科技创新应用中的不确定性以及偏离金融科技目标结果的可能性。因此金融科技企业的风险主要表现在技术选择风险和技术安全风险两方面。

（一）技术选择风险

当前，各种金融科技发展变化很快，如果金融科技企业选择不合理的技术方案，就会引起相应的风险。

1. 技术淘汰风险

面对日新月异的金融科技创新，企业所选择的不当技术方案可能会较快过时，最终导致企业业务流程不顺畅，业务达成的成本增加。与此同时，随着科学技术的发展，如果用户体验大幅下降，企业也将面临被淘汰的风险。

2. 无法满足技术兼容性要求

若企业所选择的技术系统与客户终端的兼容性较差，将可能使业务的开展较为困难，甚至危及企业的生存。

（二）技术安全风险

技术安全风险是指信息技术本身缺陷漏洞导致客户财产损失的可能性。金融科技因自身的技术不完备和脆弱性而难以完全消除技术风险，另外，金融科技在研发、应用、运行、维护的流程中又因为涉及诸多技术能力参差不齐的主体从而难免形成技术漏洞。同时，金融科技也可能因其底层技术的负面效应或技术特征而存在脆弱性，从而产生技术安全风险。

1. 技术泄密风险

为了确保数据的完整、准确和不可抵赖等，金融科技运用了各种手段加密，如若该手段被泄密或破解，则会引起严重的后果。以区块链技术为例，尽管其所依赖并引以为可信保证的共识机制在逻辑上无懈可击，但是当掌握了51%算力的主体发起算力攻击时，标榜不可篡改的区块链技术也只得接受记录被篡改的事实。随着密码破译技术的进步和量子计算的应用，运用密码学原理加密的区块链的软件和协议也都有被破解的可能。技术不完备所导致的系统漏洞或设计缺陷往往难以预先察觉，因此而造成的技术失灵或者攻击干扰都将严重影响金融安全。

2. 计算机病毒感染风险

互联网金融的运作主要依赖于计算机与网络，如若感染病毒，则可能使网络瘫痪，甚至导致整个系统的崩溃。随着网络攻击事件频发，网络空间安全形势日益严峻，金融行业也已经成为网络攻击的重要目标。

3. 系统运行终端风险

如果系统服务器无法对大量数据进行并发处理，则可能出现宕机等现象，影响平台的稳定性以及业务的开展。在金融科技的应用过程中，技术漏洞或编程错误均会对金融市场产生巨大影响，衍生新的系统性风险，而内部控制和信息系统的缺陷也可能导致不可预期的损失。技术的升级可能带来风险的升级，数据的实时高速处理可能带来市场风险的“多米诺骨牌效应”。一旦作为业务支撑的金融科技被破解或攻击，相关金融业务体系会在短时间内陷入瘫痪，技术风险在特定情况下会由量变急剧升级为质变，甚至可能引发潜在的系统性风险，影响金融稳定。

课堂研讨

金融科技企业和金融机构面临了哪些风险？

拓展训练

小组合作，查阅资料，查找金融科技企业和金融机构相关风险案例，并分享讨论。

任务二　用户面临的风险

用户面临的风险

任务描述

金融科技应用给用户带来了更多便利，能够满足用户不同方面、不同层次的金融服务需求。同时，王冬冬关注到了一些金融风险案例，因此希望进一步了解金融科技活动中用户所面临的风险。

知识准备

用户面临的风险主要是金融科技伦理风险，是传统金融道德风险的延伸。金融科技伦理风险指金融机构及相关从业人员利用自身信息优势，违背道德伦理，导致客户受到损失的可能性。

一、信息泄露风险

作为金融科技研发者的金融科技公司可能发生新型道德风险，从而使用户面临个人数据被泄露的风险。

金融科技公司拥有技术优势，而金融科技本身具有专门性和专业性，如果金融科技公司试图在金融科技工具中设置漏洞，非专业人士将难以察觉。金融科技的研发与应用，很大程度上是在信息数据、程序代码、算法系统等基础上进行的，而这些技术对于投资者和金融消费者而言明显缺乏可理解性，由此形成的“技术黑箱”会给金融科技的研发主体和应用主体创造更多的不透明空间，从而形成滋生和放任道德风险的土壤。

科技公司对于科技的控制性非常强，一旦它们试图在金融科技的研发过程中设置“后门”，从而窥探隐私，或者在未经许可条件下收集数据，甚至设置不公平算法，就会侵犯金融市场其他主体的合法权益。金融消费者的隐私具有财产属性，金融机构掌握大量用户数据，有将数据进行滥用、不正当使用的可能，存在道德风险。近年来，用户信息被泄露事件屡见不鲜，大数据行业鱼龙混杂，非法买卖用户数据一直是大数据行业的“痛点”，甚至有一些非法公司完全靠收集和出卖用户数据为生。

二、大数据绑架风险

金融科技催发的新型交易方式可能引发新型道德风险，使用户面临大数据绑架风险。

随着大数据技术的日趋成熟，传统金融交易的标的、定价、流程和对价等都可能面临巨大的冲击。大数据技术的应用已渗透至人们生活的方方面面，企业利用大数据技术实现了对用户的精准细分，能够根据每个用户的特征进行精准推送，或提供个性化需求。大数据技术商业化运用的同时也带来了一系列问题，对于用户来说最常见的是大数据“杀熟”。

大数据“杀熟”是指商家利用大数据技术，对自身积累或来自第三方的用户信息加以分类和处理，并对其中使用次数较多、对价格不敏感的客户实施加价，以达到利益最大化的差别化价格策略。随着大数据技术的普及，中国互联网企业也频繁被报道利用大数据技术“杀熟”。例如，滴滴出行被指系统会根据用户手机机型不同，对同一时间、同一行程进行差异化定价；携程被诟病“酒店同房不同价”。2019 年 3 月 27 日，北京市消费者协会召开大数据“杀熟”问题调查结果新闻发布会，发布了大数据“杀熟”问题的调查结果。根据调查结果，购物类 App、在线旅游软件以及打车软件的“杀熟”情况最严重。

三、智能投资风险

作为金融科技应用者的金融机构，运用金融科技可能使用户面临投资风险。金融机构与普通投资者在使用金融科技时可能产生利益冲突，从而产生不良后果。比如智能投顾，由于网络的虚拟性、不同算法产生投资组合的复杂性，因此信息不对称的现象长期存在。智能投顾的信息透明性主要体现在服务交易记录、留存数据信息、持续性信息披露、账户存管和收费模式等方面。而现今监管机构并没有对智能投顾这类特殊的理财工具提出更为严格的信息披露标准，也缺乏相应的技术来加强信息披露管理，从而产生一些灰色地带。普通投资者在使用这类智能理财工具时，由于信息披露不到位，智能投顾运营者可能会利用这些信息差异从事违反信义义务的行为。有些运营机构为了使自身利益最大化，提供的智能投顾服务并不是针对投资者需求和投资者情况所设计的，而是服务于机构利益的，给出的投资建议并不合理，或者忽视风险极力鼓励投资者交易，对投资者的正当权益造成损害。

课堂研讨

金融科技用户面临哪些风险？你是如何理解的？

拓展训练

查询资料，分享金融科技用户风险案例，并思考如何防范化解这些风险。

任务三　网络自身的风险

任务描述

金融科技建立在互联网的基础上，网络风险是金融科技不可避免的。王冬冬希望了解金融科技网络风险的表现形式有哪些。

知识准备

一、系统风险

金融科技是依托发达的计算机网络开展的，因此，计算机网络技术是否安全与金融科技能否有序运行密切相关，计算机网络技术也成为金融科技重要的技术风险来源。互联网传输故障、黑客攻击、计算机病毒等因素，会使互联网金融的计算机系统面临瘫痪的风险。

互联网是一个开放式的网络系统，在密钥管理及加密技术不完善的情况下，黑客可以在客户机传送数据到服务器的过程中发出攻击，甚至攻击系统终端，给互联网金融的发展造成危害。

目前，互联网采用的传输协议是 TCP/IP 协议族，这种协议在数据传输过程中力求简单高效，注重信息沟通通道畅通，但没有深入考虑安全性问题，导致网上信息加密程度不高，在传输过程中容易被窥探和截获，引起交易主体的资金损失。

二、隐藏风险

金融科技自身极强的专业性和技术性，使依托金融科技开展的金融业务的风险更加隐蔽复杂。基于大数据、云计算和人工智能等底层技术，金融科技借助算法将信息以数据形式进行搜集整理后作出自动化处理，从而得出有用结论或作出相应行为。

例如，大数据征信中，由于数据质量的偏差或者算法自身的设计缺陷，可能生成带有歧视或者错误的信用评定结论。在量化交易中，由于算法是在纯粹技术理性的基础上设计的金融行为方案，如果算法运行中其他相关因素考虑不周全，有可能因错误信息、偶发事件或其他原因而导致自动触发错误的交易行为，并进一步引发市场风险。

数据高速且实时处理，在极大地降低成本提高效率的同时会造成数据处理结果快速传导的连锁反应，进而形成新的实时风险。金融科技尽管显著提升了金融效率，但是也正是因为数据的极速运算和实时处理，金融风险才能够跨行业、跨地域地迅速传导。

课堂研讨

金融科技网络风险的表现形式有哪些？

拓展训练

如何有效应对金融科技风险？查阅资料，分析一个金融风险监管案例。

项目十 金融科技的监管

☆ 核心目标

职业能力

1. 了解不同金融科技监管机构在金融科技应用方面的差异；
2. 熟悉金融科技监管的发展历程，理清金融科技与监管的发展脉络；
3. 熟悉金融科技监管的相关政策文件；
4. 了解监管科技的相关技术。

职业素养

1. 养成从事金融行业合法合规的职业素养；
2. 树立守法意识和行业自律意识。

☆ 知识图谱

- 金融科技的监管
  - 金融科技监管的类型
    - 金融科技监管的含义
    - 金融科技监管的类型
    - 金融科技监管的特点
  - 我国金融科技监管现状
    - 金融电子化阶段的监管
    - 金融信息化、网络化阶段的监管
    - 金融科技阶段的监管
    - 我国“监管沙盒”的发展现状
  - 监管科技及其发展
    - 监管科技的含义
    - 监管科技的技术
    - 监管科技的发展

任务一　金融科技监管的类型

任务描述

金融监管是金融永远绕不开的话题，没有监管的金融犹如脱缰野马，难以控制前进的方向，极度危险。金融 + 科技的新兴业态对传统金融监管提出挑战，面对如火如荼的金融科技发展，金融科技监管也随之伴生，世界各地监管机构纷纷提出各种解决方案来应对。

王冬冬想要了解全世界有哪些金融科技监管的类型。

知识准备

一、金融科技监管的含义

金融监管是保障金融体系有序、稳定运行的重要环节之一。金融监管是政府通过特定的机构，如中央银行、证券交易委员会、银行业监督管理委员会等对金融交易行为主体、相关参与机构所作的某种限制或规定。金融监管本质上是一种具有特定内涵和特征的政府规制行为。金融监管是作为防止由于市场失灵引起的局部或整体金融体系风险的一种制度安排。金融科技监管是伴随着互联网科技新兴发展、科技手段与金融深度结合而产生的新的监管模式。

二、金融科技监管的类型

国外在金融科技监管方面的措施各有不同，其中，第一类是以英国、新加坡、澳大利亚为代表的“沙盒”监管模式，第二类是以美国为代表的多部门协同监管模式。

（一）英国的“沙盒”监管制度

英国金融行为监管局(Financial Conduct Authority，FCA)于 2016 年 5 月 9 日首次正式启动“监管沙盒”项目。“沙盒”是一个特殊的安全空间，金融科技公司在不损害消费者利益的前提下，可以测试公司所创新开发的金融产品、服务、商业模式等，相比于严格的传统金融监管，“沙盒”给予金融科技公司更柔性的监管约束，既满足金融科技发展，又在一定程度上规避了诸多市场风险、法律风险等问题。

“监管沙盒”简要运行模式如下：

第一步，企业应填写申请表，并送至 FCA 提交“沙盒”测试申请；

第二步，FCA 将审查该申请，审核通过后，将派出一名专家与企业联系，并与企业共同确定项目的测试计划，计划包括测试要求、申请范围、审核方法、定期报告频率等。

第三步，在上述准备工作完成后，将开始正式测试。FCA 将全面监控整个测试过程。测试结束后，申请企业应向 FCA 提交总结报告，FCA 将根据测试结果进行正式评估。拿到评估结果后，企业最终决定是否要更大规模地推广这项产品或服务，如图 10–1 所示。

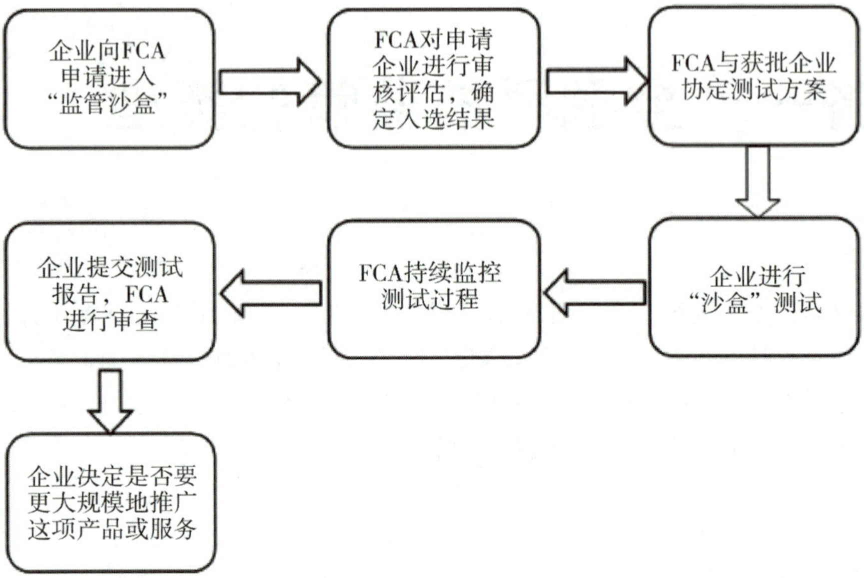

图 10–1　英国 FCA“监管沙盒”简要运行模式示意图

（二）美国的金融科技监管模式

美国的金融科技监管模式不同于英国、新加坡的“沙盒”监管模式，美国并没有专为金融科技公司设置的特定金融监管机构，凡是金融科技所涉及的金融业务，一并按其功能纳入现有金融监管体系中进行统一监管。总体来讲，美国金融监管部门对金融科技的监管是持鼓励发展态度的，监管相对宽松，金融科技公司可以在监管体系允许的框架内自由经营发展。美国货币监理署发布的《金融科技企业申请评估章程》明确提出，金融科技公司可以如其他联邦特许经营下的银行一样，以安全和健康的方式开展业务，满足消费者、企业和社区的需求；鼓励金融科技公司采用创新的方式促进金融的包容性。

美国针对金融服务机构采用了双层监管框架，分为联邦和州两个层面，具体的监管主体则根据金融机构和牌照的类型不同而有所不同。在州层面，金融科技企业通常由各州的金融管理部门（the Department of Financial Institution，如纽约州 NYDFS、加州 DFI）进行监管，但各州间的监管方式存在一定差异。在联邦层面，金融科技领域主要涉及的监管主体及其职责见表 10–1。

表 10–1　美国各监管机构职能表

监管机构	职能
美国货币监理署（OCC）	Office of the Comptroller of the Currency，美国财政部下辖的独立机构，由《国民银行法》赋予监管美国联邦层面的国民银行的职能，负责对所有国民银行、存款性金融机构等进行授权和监管
美联储（Fed）	Federal Reserve System，负责对成为其成员的州级银行及银行控股公司进行审慎监管

续表

监管机构	职能
金融犯罪执法网络（FinCEN）	Financial Crimes Enforcement Network，负责受理货币服务提供方（Money Service Business，MSB）注册申请，对货币服务提供方进行监管，并执行反洗钱 / 反恐怖融资监管义务
美国联邦存款保险公司（FDIC）	Federal Deposit Insurance Corporation，为美国存款机构提供存款保险的两大机构之一，负责颁发、监管工业贷款公司（ILC）牌照，并为持牌主体提供存款保险。此外，FDIC 还负责对非 Fed 成员的州银行进行监管
美国国家信贷联盟管理局（NUCA）	National Credit Union Administration，负责对信贷联盟（Credit Union: 非营利性、合作的金融机构，为成员提供安全的存款和合理利率的借款服务）进行特许和监管，以及通过联邦信用合作共享基金为信贷联盟提供存款保险
美国消费者金融保护局（CFPB）	Consumer Financial Protection Bureau，负责保护金融部门的消费者，对资产超过 100 亿美元的存款机构及其他非银行金融机构进行监管
美国证券交易委员会（SEC）	Securities and Exchange Commission，负责证券监督和管理工作，是美国证券行业的最高机构，在金融科技领域负责对智能投顾等业务进行监管

三、金融科技监管的特点

金融科技监管是一个系统性问题，在保证宏观审慎体系与金融体系稳定的前提下，如何推进金融科技企业更好地提高金融系统运行效率，促进行业发展？这是各个国家监管者面临的共同问题。一方面，金融科技具备互联网诸多特点，能快速地遍及社会经济的各个角落，助推各种产业、行业转型升级；另一方面，金融加上科技之后，其面临的各类风险也随之变化，对金融体系的冲击更难预测，在监管与发展中保持平衡是金融监管科技的重要话题。

课堂研讨

举例说明金融监管对金融行业发展的作用，以及金融科技的利与弊。

拓展训练

1. 简述英国“沙盒”监管模式的特点。
2. 简述英、美两种金融监管模式的区别。

任务二　我国金融科技监管现状

任务描述

2022 年伊始，中国人民银行印发《金融科技发展规划(2022—2025 年)》，提出了 8 个方面重点任务，其中一个就是要加快监管科技的全方位应用，强化数字化监管能力建设，对金融科技创新实施穿透式监管，牢筑金融与科技防火墙。我国金融科技监管发展至今，经历了多个阶段。王冬冬想了解我国金融科技监管的发展历程及其特点。

我国金融科技监管

知识准备

一、金融电子化阶段的监管

20 世纪 70 年代初至 21 世纪初属于金融电子化阶段，20 世纪末，银行业务逐步从“手工记录”过渡到“电子记录”，以计算机处理方式代替手工操作为标志。例如，中国银行引进第一套理光 –8 型(RICOH–8) 主机系统，对银行的部分手工业务以计算机来处理，实现了对公业务、储蓄业务、银行对账业务、编制会计报表等日常业务的自动化处理，揭开了我国金融电子化发展的序幕。20 世纪 80 年代，各类柜面业务处理系统进一步在大中城市推广应用。20 世纪 90 年代，中国人民银行卫星通信系统上电子联行系统的正式运行，标志着我国银行信息系统进入了全面网络化阶段。随后，各大银行也纷纷加入国际资金清算系统，这使得国际结算业务的水平有了很大的提升。20 世纪 90 年代中后期到 21 世纪初，这个阶段的标志是实现全国范围的银行计算机处理联网、互联互通、交付清算、业务管理。

这一阶段的监管，虽然有《中华人民共和国国家安全法》《中华人民共和国保守国家秘密法》对电子银行业务进行相应的约束，但在我国的其他法律规定中没有涉及电子银行细节的相关内容，法律依旧不健全。因此，在法律制度不完善、监管机构工作不到位的状况下，我国在电子银行方面的监管处于空白阶段。

二、金融信息化、网络化阶段的监管

21 世纪初到 2015 年左右属于金融信息化、网络化阶段，这个阶段各大银行先后成立电子银行部门，逐步开通网上银行业务，其中包括投资理财、产品宣传等。随着互联网逐步普及，电子化设备普及率提高，2004 年，第一批第三方支付企业萌芽，同时，互联网支付的需求也让各大银行以及非银企业对于网络金融越来越重视。2007 年，拍拍贷成立，成为中国金融科技发展史上的标志性事件。拍拍贷采用纯线上模式运作，平台本身不参与借款，而是通过信息匹配、工具支持和服务等功能实现借贷，是中国第一家真正意义上的 P2P 网络信用借贷平台。2011 年，为了规范第三方支付机构准入门槛，防范金融风险，中国人民银行向 27 家第三方支付公司发放支付牌照，支付宝、财付通、快钱等民营第三方支付机构获牌，正式标志着互联网与金融结合的开始，也标志着第三方支付纳入监管。2013 年，支付宝旗下的“余额宝”横空出世，以远高于银行活期存款利率的收益率吸引了巨额资金，与此同时，传统存款金融机构大受震撼，因此各基金、保险公司纷纷展开大规模互联网化的战略布局。2014 年，蚂蚁金服成立，首家民营银行深圳前海微众银行正式获准开业，诸多互联网金融企业相继出现。2015 年，央行等十部委正式发布了《关于促进互联网金融健康发展的指导意见》，对于互联网金融的监管力度进一步加大。

该阶段初期为网络银行发展时期，中国银监会在 2003 年正式成立，并成为网络银行的监管主体机构，中国人民银行于 2005 年初颁布了电子支付指引规定，主要作用是实现对电子支付的全面监管。2005 年 4 月生效的《中华人民共和国电子签名法》成为电子银行业务的最高法律准则。2006 年所颁布的《电子银行业务管理办法》涉及了手机银行、电话银行等多个银行模式，对这些银行模式进行了全方面管理，主要体现在业务申请、业务受理、数据交换及业务外包等方面。《中华人民共和国电子签名法》《中华人民共和国商业银行法》构成网络金融的上位法。这个时期网络金融受到银监会、工业和信息化部的双重监管。

三、金融科技阶段的监管

2015 年 e 租宝事件引发广泛关注，“钰诚系”下属的金易融(北京)网络科技有限公司运营的网络平台打着“网络金融”的旗号上线运营，以高额利息为诱饵，虚构融资租赁项目，持续采用借新还旧、自我担保等方式大量非法吸收公众资金。e 租宝事件给我国互联网金融的监管敲响了警钟，随后，相关政策文件不断完善，监管体系日趋健全。

2015 年 1 月，银监会宣布进行机构调整，新设普惠金融工作部，P2P 被划归普惠金融工作部监管。2015 年 7 月，央行等十部委联合印发《关于促进互联网金融健康发展的指导意见》，该意见按照“依法监管、适度监管、分类监管、协同监管、创新监管”的原则，确立了互联网支付、网络借贷、股权众筹融资、互联网基金销售、互联网保险、互联网信托和互联网消费金融等互联网金融主要业态的监管职责分工，落实了监管责任，明确了业务边界。

2016 年，全球金融稳定理事会(Financial Stability Board, FSB)对金融科技明确指出“金融科技是技术驱动的金融创新”，旨在运用现代科技成果改造或创新金融产品、经营模式、业务流程等，推动金融发展提质增效。金融科技元年正式开始。

同年，国务院发布的《“十三五”国家科技创新规划》明确提出促进科技金融产品和服务创新，建设国家科技金融创新中心等，使得创新金融科技产品正式成为国家政策引导方向。

2017 年，中国人民银行成立了金融科技(FinTech)委员会，旨在切实做好我国金融科技发展战略规划与政策指引，引导新技术在金融领域的正确使用。中国人民银行和银监会发布多个文件，包括《中国人民银行办公厅关于实施支付机构客户备付金集中存管有关事项的通知》《网络借贷资金存管业务指引》《民营银行互联网贷款管理暂行办法》等，将互联网支付、网络借贷、互联网银行等均纳入清算监管范围。

2016—2018 年，金融科技概念逐步火热于市场中，以科技手段解决金融核心业务的企业不断凸显，生物信息识别验证、客户大数据画像、大数据风险控制等技术不断挑战着传统技术，但该时期互联网金融与金融科技重叠过渡，行业乱象频发，许多互联网金融公司借壳金融科技公司开展业务，这个时期的金融科技下沉深度不够，与金融业务的融合度较低，更多是概念追捧。

随着一系列的监管政策的出台，行业不断洗牌后，不合规与不具备核心竞争力的金融科技公司逐步退出市场，留下符合规定、重技术业务的企业，逐步迎来行业的快速增长期。

2018 年以后，人工智能、大数据、云计算等科学技术进一步发展，无论是用户还是企业都享受着新技术带来的附加价值，因此，行业对科技与金融的融合理解更全面更深入，大型金融中介企业自建金融科技子公司快速发展，小型金融科技服务企业的输出质量更高更精细，传统金融机构与金融科技企业相辅相成，金融科技进一步探索在金融企业的客源获取、客户管理、投资理财、风险控制、贷后管理、快速理赔等多环节的应用。

2019 年央行印发《金融科技(FinTech)发展规划(2019—2021 年)》,其中提到,建立健全我国金融科技发展的"四梁八柱",进一步增强金融业科技应用能力。

2021 年央行印发《金融科技发展规划(2022—2025 年)》。金融科技作为技术驱动的金融创新,是深化金融供给侧结构性改革、增强金融服务实体经济能力的重要引擎。数字技术的快速演进为金融数字化转型注入充沛活力,金融科技逐步迈入高质量发展的新阶段。

四、我国"监管沙盒"的发展现状

2019 年 12 月,中国人民银行启动金融科技创新监管试点工作,支持在北京市率先开展金融科技创新监管试点,探索构建符合我国国情、与国际接轨的金融科技创新监管工具。

2020 年 1 月 14 日,中国人民银行公示了 2020 年第一批金融科技创新监管试点应用名单。其中向社会公示 6 个创新应用项目,涉及国有商业银行、全国性股份制商业银行、大型城市商业银行、清算组织、支付机构、科技公司等 10 家机构,主要聚焦物联网、大数据、人工智能、区块链、API 等前沿技术在金融领域的应用,涵盖数字金融等多个应用场景,旨在疏解小微企业融资难融资贵问题、提升金融便民服务水平、拓展金融服务渠道等。具体包括:中国工商银行股份有限公司申报的"基于物联网的物品溯源认证管理与供应链金融";中国农业银行股份有限公司申报的"微捷贷产品";中信银行股份有限公司申报,中国银联股份有限公司、北京度小满支付科技有限公司、携程(上海)华程西南国际旅行社有限公司)参与的"中信银行智令产品";中信百信银行股份有限公司申报的"AIBank Inside 产品";宁波银行股份有限公司申报的"快审快贷产品";中国银联股份有限公司申报,小米数字科技有限公司(现改为天星数科科技有限公司)、京东数字科技控股股份有限公司参与的"手机 POS 创新应用"。

2020 年 4 月,中国人民银行进一步扩大了"监管沙盒"的试点范围。2020 年 6 月 2 日,中国人民银行公布了第二批"监管沙盒"试点,其中共有 11 个测试项目加入"沙盒"测试,包括智能机器人、区块链金融服务产品等(见表 10-2)。

表 10-2　北京金融科技创新监管试点应用公示(2020 年第二批)

序号	创新应用名称	申请机构
1	基于智能机器人的移动金融服务项目	中国工商银行股份有限公司
2	基于区块链的产业金融服务	中国银行股份有限公司
3	5G+ 智能银行	中国建设银行股份有限公司
4	普惠小微企业贷产品	北京银行股份有限公司
5	"一路行"移动终端理赔产品	中国人寿财产保险股份有限公司、中国人寿财产保险股份有限公司北京市分公司
6	多方数据学习"政融通"在线融资项目	腾讯云计算(北京)有限责任公司、北京小微企业金融综合服务有限公司、上海浦东发展银行股份有限公司北京分行
7	天翼智能风险监控产品	中国电信集团系统集成有限责任公司、天翼电子商务有限公司

续表

序号	创新应用名称	申请机构
8	国网智能图谱风控产品	国网征信有限公司、中国邮政储蓄银行股份有限公司
9	移动金融云签盾	中金金融认证中心有限公司、中国民生银行股份有限公司
10	基于区块链的企业电子身份认证信息系统（eKYC）	国家计算机网络与信息安全管理中心、北京中关村银行股份有限公司、中信百信银行股份有限公司、中国民生银行股份有限公司北京分行
11	智能云小店服务	拉卡拉支付股份有限公司

课堂研讨

回顾我国金融科技发展的历程，讨论监管与行业发展的关系。

拓展训练

1. 查阅“e 租宝”事件的始末，简述监管在该事件中的作用。
2. 了解金融大数据风控的发展现状。
3. 了解金融科技与金融业务结合的产品。

任务三　监管科技及其发展

任务描述

2008 年金融危机之后，为防范系统性金融风险，全国各主要经济体对金融体系的监管显著加强，与此同时，以人工智能、云计算、大数据等新兴技术推动的金融科技与监管科技日新月异。一方面，对于那些试图运用金融科技满足新增市场需求、创新金融服务模式的机构而言，要探索如何减轻所面临的不断加重的合规负担，避免因对相关政策理解存有偏差而“误入歧途”；另一方面，对于那些假借创新之名试图规避监管或进行监管套利的机构，要尽快提高甄别和处置此类风险的监管能力，有效遏制各类风险借助网络和移动终端快速传播的趋势，维护金融稳定乃至社会稳定。在此背景下，旨在运用技术手段提升监管合规效率与效果的监管科技(RegTech)应运而生。

王冬冬想了解监管科技的含义，监管使用的科学技术有哪些以及监管科技在我国的发展状况。

知识准备

一、监管科技的含义

监管科技(RegTech)主要由 Regulation（监管、合规）和 Technology（技术）两个英文单词结合而成，也叫监管技术。国际金融协会(International Financial Association)将监管科技定义为“能够有效解决监管和合规要求的新技术”。

英国金融市场行为监管局(Financial Conduct Authority)最早使用RegTech一词并将它定义为解决监管面临的困难,推动各类机构满足合规要求的新兴技术,重点是那些能比现有手段更有效地促进监管达标的技术。2017年央行成立金融科技(FinTech)委员会,首次明确提出强化监管科技(RegTech)应用实践。

二、监管科技的技术

监管者通过科技手段不仅能在监管维度上扩充,也能在监管深度上进一步深入。一方面,金融科技时代使得各类线上业务增多,线上数据量激增,金融机构需要处理大量业务数据的同时,监管机构对金融机构实施监管时也面临巨量的数据,数据量甚至比金融机构还多;另一方面,科技辅助的高频金融业务交易也使得监管机构需要更新的科技手段来实现更高的监管频率。

随着金融交易的复杂程度提升,单个指标的数据往往不能反映交易本身的完整信息,需要分析大量不同指标的数据才能挖掘出金融交易背后的真正原因。金融科技的发展还产生了大量的非结构性数据,使得数据的复杂程度越来越高,增加了数据处理和数据分析的难度。

1. 人工智能

监管科技可以利用人工智能和机器学习来自动化处理金融数据,一方面可以获取大量较为全面的金融数据,另一方面还可以使金融数据的质量符合监管的要求。比如,金融机构在向监管机构报送数据的过程中,经常会存在漏报和错报的情况,只有经过人工审查才能发现这些问题,这就需要耗费大量的人力成本。在当前的监管体系中,监管人员审查和处理金融机构的数据是重要的工作,随着大数据带来的监管挑战,监管机构采用监管科技来处理数据将是趋势。

监管机构还可以通过人工智能和机器学习技术对这些数据进行及时分析和处理,进而发现潜藏在数据背后的金融欺诈等违法违规行为,提升风险的识别能力。比如,新加坡金融管理局(MAS)已开始探索通过人工智能和机器学习来分析可疑交易,识别出需要加强监管的高风险交易行为,使有限的监管力量可以投入需要重点审查和监管的交易行为中。澳大利亚证券和投资委员会(ASIC)通过自然语言处理(NLP)技术来提取证据材料的关键信息,通过可视化技术来制作所选择调查主体之间的关系图,以提高风险的识别能力。意大利银行收集了银行资金转账的详细信息,并将这些信息与新闻报纸上的文章做相关性审查,涉及的结构性与非结构性数据容量超过50 GB,通过这些信息的分析来打击银行体系的洗钱等犯罪活动。随着监管机构不断采用监管科技来提升监管的有效性,金融科技时代下的金融发展与风险防范将得到更好的平衡。

2. 区块链

狭义区块链是按照时间顺序,将数据区块以线性链表方式组合而成的链式数据结构,并借助密码技术保证交易信息数据的不可篡改和不可伪造。广义区块链技术是利用块链式数据结构验证与存储数据、利用分布式节点共识算法生成和更新数据、利用密码学的方式保证数据传输和访问的安全、利用由自动化脚本代码组成的智能合约编程和操作数据的全新的分布式基础架构与计算范式。

在我国,区块链技术应用主要有三种类型,公有链、联盟链与私有链。公有链是指全世界谁都能够读取的、任何人都可以发送交易且交易能获得有效确认的、任何人都能参与其中共识过程的区块链——共识过程决定哪个区块可被添加到区块链中和明确当前状态。联盟链是指其共识过程受到预选节点控制的区块链。它主要应用在机构间的交易、结算或清算等 B2B 场景。举个例子，银行间进行支付、结算、清算的系统就能够采用联盟链的形式，将各家银行的网关节点作为记账节点。私有链是完全私有的区块链，是写入权限仅在一个组织手里的区块链。

区块链在监管科技方面的应用，主要是解决信任问题，比如银行受银保监会监管，需要报送数据给银保监会；地方的小贷公司和担保公司也需要报送报表。但是监管机构与从业机构仍然存在信息不对称问题，比如企业经营或金融业务行为能否准确报送，如何解决漏报和瞒报的问题。而区块链技术使监管机构与从业机构都在一个可信任网络上，让计算机基于可信的数据进行计算，大幅提升监管效能。

三、监管科技的发展

监管科技是在后金融危机和数字技术革新的背景下，顺应监管机构和被监管机构的需求，以人工智能、机器学习、区块链、生物识别等新兴技术为手段，旨在提高监管效率、降低合规成本、维护金融稳定与安全的一种新的监管机制。虽然中国的金融监管科技发展相对于全球其他发达国家来说起步较晚，但是国家对其发展持支持态度。从 2017 年《中国金融业信息技术“十三五”发展规划》的制定，到银监会“用科技手段监管金融科技”的思路，到 2018 年证监会《中国证监会监管科技总体建设方案》等文件的出台和执行，都可以看出国家对监管科技的支持。

课堂研讨

列举在监管中应用科技手段的案例。

拓展训练

查阅更多关于监管的科学技术，了解其特征。

拓展阅读

科技赋能，金融服务拓展新空间

来源：人民日报　　发布日期：2021-11-01

民族要复兴，乡村必振兴。“十四五”开局之年，全面推进乡村振兴步履铿锵。各地区各部门、相关金融机构针对乡村振兴中遇到的融资难题、存在的资金短板，通过科技赋能、产品创新、政策支持等不断为乡村振兴畅通金融血脉、提供源源不断的资金支持。

“数字乡村”综合服务平台——大数据撑起“致富伞”

时值金秋，灵芝也进入了收获季节。走进种植户孔正常位于江西鹰潭贵溪市塘湾镇山坑村的灵芝大棚，只见一株株灵芝如伞如盖、长势喜人。在大棚外，许多已经采摘好的灵芝正在晾晒，工人将一袋袋完成晾晒的干灵芝运到工厂进行加工。

小小灵芝，为当地农户撑起了“致富伞”。“别看灵芝小，可它浑身都是宝！”孔正常向记者介绍，灵芝自身可以入药,还能制作成盆景用于观赏,灵芝孢子粉也有很高的药用价值。去年 10 月他种下的 2 万多株灵芝目前已基本长成,预计今年灵芝的相关销售额将超过 50 万元。

这些年,由于技术过硬和村里支持,孔正常种植的灵芝口碑越来越好,目前他已拥有了 10 多个灵芝种植大棚。不过,随着种植规模的扩大,资金问题让他犯了难。"种植灵芝需要购买木屑等原料,再加上人工成本和大棚的维护费用,开销不小。"孔正常说。

今年春天,当地工商银行的工作人员主动找到了孔正常。"我们从村里了解到老孔有贷款需求,又到他的大棚里实地考察过。老孔的灵芝业务发展得不错,在村里也有一片 100 多平方米的宅基地可以用来抵押。"工行贵溪支行副行长宋文高说。

谁知,就在银行打算放款的时候,却被一个问题给难住了。

"我们当时咨询了村里和镇里的相关部门,发现由于系统登记问题暂时无法办理宅基地的抵押登记。如果不做宅基地的抵押登记,缺少还款来源的保障,老孔的这笔贷款可能就拿不到手了。"宋文高说,在这种情况下,行里最终决定在工行搭建的"数字乡村"综合服务平台上公示老孔这笔贷款的抵押物情况,并为他顺利发放了 30 万元的贷款,年利率仅为 3.85%。

帮助老孔解决贷款难题的"数字乡村"综合服务平台是什么? "'数字乡村'综合服务平台以区块链、大数据、人工智能等新一代信息技术为基础,为农业农村管理部门、村委会、村集体、村民等,提供涵盖'党务、政务、村务、财务、金融服务'的数字化解决方案。"中国工商银行机构金融业务部总经理史立军说。

过去涉农企业、养殖户、村民等想要贷款,由于缺少抵押和担保等,容易面临融资难、融资贵等问题。依托"数字乡村"综合服务平台中"三资管理、清产核资、产权交易"等模块,工商银行助力当地农业农村部门、村委会有效推进农村集体产权制度改革工作,在农村集体经济组织的成立、登记等环节提供支持。在此过程中,平台搜集掌握了村集体经营性收入、农村宅基地、土地流转、土地承包经营权等基础数据。"有明细的数据做支撑,银行工作人员提供贷款等金融服务时就更有底气了。"史立军说。

除了金融服务外,"数字乡村"综合服务平台还帮助农村的财务、村务实现更加透明管理。"'数字乡村'综合服务平台将原来村里的资金使用申请、审批等流程由线下转到线上,实现了在线申请、审批、支付结算、账户余额和明细等查询,极大地提高了审批效率。"工行鹰潭分行行长李强说。

"数字乡村"综合服务平台上线以来,政府部门、银行、农民实现了多方共赢。截至目前,工行依托该平台已与 18 家省级农业农村主管部门签署战略合作协议,与 700 多家区县级农业农村主管部门达成信息化合作,服务覆盖 31 个省份、232 个地市。史立军说,下一步,工商银行将继续为建立新型农业金融服务体系注入科技新动能,让手机成为农民的"新农具",数据成为农村的"新农资"。(记者 葛孟超)

区块链产销溯源平台——小枸杞插上"金翅膀"

黄河经黑山峡进入宁夏,流经中卫市中宁县后一路向北。黄河冲积而成的卫宁平原,是宁夏枸杞的发源地和原产地,黄河水的滋养也造就了中宁枸杞的独特品质。

"种枸杞辛苦着呢！这小小的一颗，可经不起天气的折腾。气温和土壤湿度变化、光照时间长短等因素都会给枸杞的生长带来较大的影响。"说这话的是中宁枸杞种植户陈江涛，虽然10月中下旬已经是今年枸杞采摘季的末期，但他和大家依然在一望无际的枸杞田里忙碌着。

要想解决枸杞种植户的烦恼，还得靠科技创新。"我们现在可以将枸杞栽种、灌溉、施肥、采摘、加工等每一个过程都采集、记录下来，让每一颗枸杞都有自己的标准化生产档案。"平安产险中宁枸杞项目经理张碧锟说，这一切都是通过平安产险打造的区块链产销溯源平台实现的。

在平安产险智慧扶贫枸杞产业基地，大数据、物联网、云计算等技术已经在枸杞生产、加工和销售等各个环节上广泛运用。"你别看眼前这个设备不起眼，它其实是一个枸杞病虫害远程监测预警系统，通过设备上安装的摄像头，可以实时监测枸杞树遭受病虫害的情况。"张碧锟边说边引导记者看向田边的另一组设备，"这组设备可以用来监测气温和土壤湿度变化，像这样的智能物联网设备在我们基地7200多亩的枸杞田里有几十组。通过这些设备的监测，田里的情况就能一目了然了。"

区块链产销溯源平台为小枸杞发挥了大作用。"平台可以记录枸杞全生长周期情况，并建立线上生产档案；还能对枸杞的生产、加工过程和具体操作人员进行实时监控，帮助相关企业和种植户完善生产标准，例如可以帮助种植户根据天气变化合理安排灌溉和施肥时间、提前预防病虫害等。"张碧锟说，通过掌握的大数据，平台可以为枸杞生成唯一的溯源标签，消费者只要用手机扫描商品包装上的二维码，就可以了解枸杞产自何处，以及生产、加工和运输的过程。

除了能让枸杞的生产过程更加透明外，区块链产销溯源平台的应用还使枸杞企业又多了一重金融保障。张碧锟说，依托平台上的数据，平安产险创新推出了"区块链产销溯源＋溯源保险"模式，这一模式可以实现生产品质管理、产品追溯认证等功能，同时也扩展了枸杞企业在生产和销售阶段的风险保障范围。"有了追溯，责任险的设计就有了依据。一旦出现食品安全问题，企业的损失都会由保险公司来承担，相当于为枸杞品牌做了质量保证。"

区块链技术的应用，是平安集团运用科技手段助力普惠金融的实践之一。四川油橄榄、陕西苹果、甘肃金丝皇菊、广西肉牛、内蒙古羊……不少平安智慧农业项目已经插上了"金翅膀"。

让数据多跑腿，让农民少跑路。平安集团相关负责人表示，目前平安集团正积极探索将卫星遥感、物联网、区块链等技术与金融业务更好结合，为农村地区提供更高质量的金融服务。下一步，要大力发展农村普惠金融，继续加强金融科技在农村地区的应用，开发适合农业农村特点的金融产品，加大对高标准农田、现代种业、乡村建设、绿色发展和乡村产业等重点领域的支持力度。（葛孟超 吴涛）

项目十一

金融科技岗位及人才需求

☆ 核心目标

职业能力

1. 能够对金融科技岗位的需求情况有所了解；
2. 能对金融科技岗位的职业要求和专业技能情况有一定认知；
3. 能根据学习需要查阅相关资料。

职业素养

1. 养成金融科技岗位所需的职业素养和专业能力；
2. 养成对事物进行分析的客观、敏感的职业思维。

☆ 知识图谱

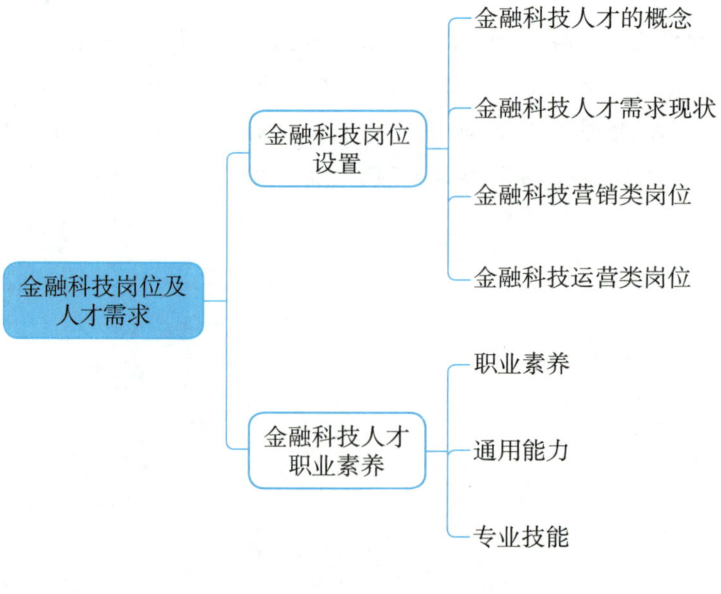

任务一　金融科技岗位设置

任务描述

王冬冬是金融科技应用专业的一名在校大学生，为了在毕业后可以找到心仪的工作，他决定提前了解金融科技岗位的设置情况。

知识准备

一、金融科技人才的概念

金融科技(FinTech)是 Financial Technology 的缩写，可以简单理解为 Finance(金融)+Technology(科技)，但金融科技并非两者的简单组合，指通过利用各类科技手段创新传统金融行业所提供的产品和服务，提升效率并有效降低运营成本的技术手段。普华永道发布的《2017 年全球金融科技调查中国概要》指出，金融科技人才指的是满足金融机构所需的具备金融科技方面知识与技能的复合型人才。

金融科技在中国不仅发展迅速，而且在许多方面已处于世界领先地位。根据金融稳定理事会(FSB)的定义，金融科技主要是指由大数据、区块链、云计算、人工智能等新兴前沿技术带动，对金融市场以及金融服务业务供给产生重大影响的新兴业务模式、新技术应用、新产品服务等。

金融科技人才即为满足金融机构所需的具备金融科技方面知识与技能的复合型人才。

二、金融科技人才需求现状

1. 中国金融科技实力异军突起

“金融是现代经济的核心”，改革开放总设计师邓小平同志曾如是评价金融在国民经济中的地位。

2021 年 9 月，北京前沿金融监管科技研究院、浙江大学互联网金融研究院、浙江大学国际联合商学院、浙江数字金融科技联合会联合发布《2021 全球金融科技中心城市报告(Global Fintech Hub Report 2021)》，北京连续三年排名全球第一，上海和深圳则分列第四位和第五位。

在北京、上海和深圳，金融科技机构扎堆入驻。金融行业本身就是高薪行业，这些金融科技机构提供的高薪职位自然就特别多，吸引了大批高端金融科技人才集聚。

2. 中国金融科技人才需求旺盛

金融科技迅猛发展，金融科技人才需求直线飙升。2021 年秋招季，各大银行大力招揽金融科技人才成为一大趋势，众多银行热情拥抱科技人才，开放了众多科技岗。

交通银行、招商银行、农业银行、兴业银行等十几家大型银行纷纷发布招聘公告，在招聘岗位中，多家银行均设有大量金融科技岗位，部分银行还设有金融科技管培生。

腾讯旗下微众银行面向2022年本科、硕士、博士毕业生，开放了11个技术研发类岗位和12个数据算法类岗位。

据零壹智库不完全统计，2021年第二季度，至少有225家企业共提供了69 815个岗位，其中，金融科技人才（含兼职类）缺口达到183 265人。

此外，在人才招聘市场上，还有更多金融科技公司虚位以待，大量招揽金融科技人才。

3. 金融科技人才稀缺

2021年8月19日，上海市地方金融监督管理局印发《上海市重点领域（金融类）"十四五"紧缺人才开发目录》，上海市首次将金融科技类纳入该目录。

因业务拓展需要，北京一家小型金融科技公司在人才市场招聘数据分析师，其招聘负责人对经济观察网记者表示，2021年，数据、研发类岗位应届生薪酬涨幅不小，一位资历不深的应聘者的薪酬要价直接提到40万元年薪。该招聘负责人表示，他们并不担心应聘者年薪要价高，他们最关心的是应聘者的经验资历是否能满足公司的岗位需求。

同在北京的一家头部互联网公司，为了留住人才，近期对金融业务相关岗位员工薪酬"晋升一级"，涨幅不小，甚至P6级别员工的月薪也可以谈到4万元。

招商银行2021年半年报中表示，将持续加大金融科技人才引进力度，重点引进银行无法内生的、短期内无法培养的、高端、稀缺或跨界人才。

虽然同为科技类岗位，但不同技术分工、资历经验的员工收入差距还是很大的。某公司总部科技类岗位中，薪酬水平最高的是架构师，月薪5万～7万元，数据分析师的薪酬随着工作年限的提升而增长，多数月薪在1万～4万元。

4. 金融科技最青睐专业

参加了2021年银行春季校招的软件专业本科毕业生表示，银行对科技类岗位的需求非常大，同学们几乎都能收到2份以上的offer，与许多其他专业相比，就业优势很大。

2021年8月，58同城发布的《金融科技人才求职调研报告》显示，校园招聘最热门专业排行榜TOP10专业分别为：计算机科学与技术、软件工程、大数据、通信工程、计算机应用技术、电子信息工程、云计算、电子商务、网络工程、UI设计。

现代金融科技课程设计更多是靠数字技术推动，而不是将金融学和计算机课程进行简单叠加。2021年9月9日，中国银行业协会首席信息官、CFT50（中国金融科技50人论坛）学术成员高峰在一次公开发言中表示，当前金融科技人才培养也暴露出一些新问题。

目前，全国有58所高等院校开设金融科技专业，但金融科技专业的课程设置缺乏统一的标准和规范。许多高校只是将金融与计算机课程进行组合，简单采用"1+1=2"模式，并未能实现金融与科技相关课程的深度融合。

但无论怎么说，金融科技必将成为下一个风口，学习金融科技专业及其相关专业，将获得更好的发展。

三、金融科技营销类岗位

各大高新技术企业和银行等都开设了金融科技类岗位，其分为金融科技营销类和金融科技运营类，这里以某银行的招聘信息为例，同学们可以根据职位描述来了解金融科技营销岗位大致的工作内容，为未来选择就业方向做好准备。

（一）职位描述

(1) 认真学习并掌握我行公司、零售业务金融产品特点及相关业务知识；

(2) 积极做好公司、零售业务客户的营销开拓及维护工作；

(3) 深刻理解客户需求并为其制定个性化金融服务方案；

(4) 严格执行我行信贷政策及相关规范要求，做到合规经营；

(5) 根据我行业务发展重点和相关礼仪规范，做好公司、零售业务客户的服务工作。

（二）职位要求

(1) IT 技术类、数理分析类、电子通信类、经济金融类等相关专业毕业并获得相应毕业证和学位证；

(2) 大学英语四级及以上水平，主课成绩优秀，掌握一定金融、经济或银行业基础知识；

(3) 品学兼优，政治素质良好，具有较强的学习能力、沟通能力和团队协作精神，具备较好的仪表气质和积极向上的精神面貌，有意愿从事专业化、节奏快、高要求的客户开拓营销工作，适应能力较强并能承受一定的工作压力；

(4) 具有跨专业、海外交流等教育背景或相关实习经验者，具有校级及以上奖励或在校活动实践经验者，获得会计、银行等相关资格证书者优先；

(5) 对于优秀贫困高校毕业生，同等条件可优先录用；

(6) 身体健康，品行端正，无任何违规违纪行为，符合银行亲属回避规定。

（三）就业薪资

金融营销岗位薪资报酬要高于大部分行业，这里以成都市为例，图 11-1 为某时段成都市招收金融营销岗位的薪资状况。

图 11-1　某时段成都市招收金融营销岗位的薪资状况

四、金融科技运营类岗位

金融科技运营类岗位相较于营销类岗位来说更偏向技术化，这里还是以某银行的招聘信息为例，同学们可以根据职位描述来了解金融科技运营岗位大致的工作内容，为未来选择就业方向做好准备。

（一）职位描述

(1) 负责营业网点业务的营运工作，掌握网点各项核算系统的操作，包括本外币存款、取款、转账、会计核算、银证业务等；

(2) 做好各类账户的开立和维护等管理工作，确保账户资料准确、完整，管理相关凭证、印章等；

(3) 认真执行现金管理制度和反洗钱相关规定；

(4) 了解各种银行金融产品，做好网点营销和推荐工作；

(5) 根据服务的相关礼仪和规范，做好客户服务工作。

（二）职位要求

(1) IT 技术类、数理分析类、电子通信类、经济金融类等相关专业毕业并获得相应毕业证和学位证

(2) 大学英语四级及以上水平，主课成绩优秀，掌握一定金融、经济或银行业基础知识；

(3) 品学兼优，政治素质良好，具有较强的学习能力、沟通能力和团队协作精神，具备较好的仪表气质和积极向上的精神面貌，有意愿从事专业化、节奏快、高要求的客户开拓营销工作，适应能力较强并能承受一定的工作压力；

(4) 具有跨专业、海外交流等教育背景或相关实习经验者，具有校级及以上奖励或在校活动实践经验者，获得会计、银行等相关资格证书者优先；

(5) 对于优秀贫困高校毕业生，同等条件可优先录用；

(6) 身体健康，品行端正，无任何违规违纪行为，符合银行亲属回避规定。

（三）就业薪资

这里以成都市为例，图 11-2 为某时段成都市招收金融运营岗位的薪资状况。

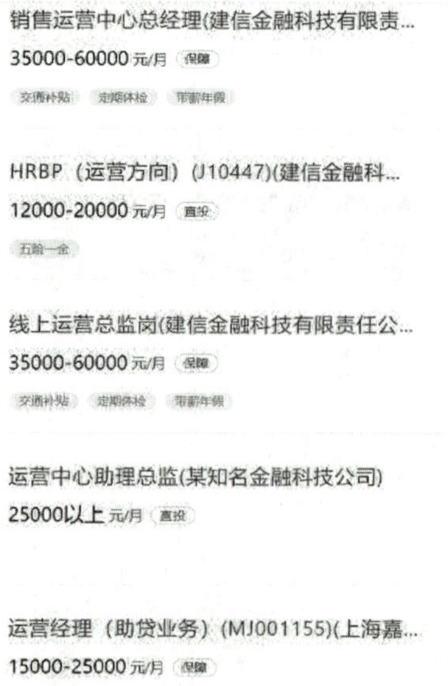

图 11-2　某时段成都市招收金融运营岗位的薪资状况

课堂研讨

请你们思考自己未来在金融科技领域的初次就业岗位是什么。

拓展训练

请在课后准备一份你的简历,尝试去向一些金融科技企业投递简历,并准备1分钟的自我介绍。

任务二　金融科技人才职业素养

任务描述

王冬冬是金融科技应用专业的一名在校大学生,为了在毕业后可以找到心仪的工作岗位,决定提前了解金融科技人才需要拥有哪些职业素养和职业技能。

金融科技人才职业素养

知识准备

一、职业素养

如果是一名刚刚进入职场的大学生,在初期的时候,通常会考虑具有什么样背景和工作经验的人才能进入适合的金融科技型企业,企业对人才的需求是更偏重互联网技术还是金融背景?作为一个刚刚起步的金融科技人才,我们又应该培养什么样的职业素养呢?

1. 专业知识

作为一个金融行业的从业者,对基础的金融知识要有一定的了解。在入职应聘的时候,经常会被问到:"从风险管理的角度看,保险是一种什么样的风险管理方法?""基准利率是指什么?""债券期限结构和收益率曲线有什么区别?""优序融资理论为什么在A股市场无效?"而且越到金字塔的顶端,职位对于专业知识的要求更高。

2. 知识吸纳能力

知识吸纳能力是指学习吸收新知识的能力。在当今知识经济时代,新的科学知识是层出不穷、日新月异的。银行改革这几年时间,从过去的存款、贷款到拆借、国债交易,到现在的期货、期权、利率互换、套期保值等,新的金融知识不断地涌现。每个人都不可能在学校或其他地方把所有的知识学完,关键看有没有学习的能力。有了学习的能力,学到了新的知识,就有了底气,"腹有诗书气自华",只要具有满腹经纶,气质就自然高雅起来了。随着金融科技的飞速发展,银行也面临着巨大压力,比如类似支付宝的第三方支付,金融业也如同生物圈一样遵循着达尔文的优胜劣汰、物竞天择的自然规律,作为新时代的青年,我们要努力弘扬活到老学到老的精神,进一步丰富自己的头脑。

3. 深入理解金融机构的业务运营

掌握基本知识之后，还需要深入地理解金融行业的各项业务运营。就拿银行来说，业务有负债业务、资产业务、中间业务。中间业务又分为交易业务、清算业务、支付结算业务、银行卡业务、代理业务、托管业务、担保业务、承诺业务、理财业务、电子银行业务等多种多样的类型。不同的业务线有不同的运营理念和方式。

4. 了解互联网运作

金融行业的发展和互联网的运作是密不可分的，金融科技近几年来的白热化，也吸睛无数。六大金融科技模式有第三方支付、P2P 网贷、大数据金融、众筹、信息化金融机构、互联网金融门户等。金融科技分流了银行业、信托业、保险业的客户，加剧了上述行业的竞争。当金融科技渠道发展到一定阶段，拥有一定的品牌及积累了相当大的流量后，就成为各大金融机构、小贷、信托、基金的重要渠道，掌握了金融科技时代的互联网入口，就可以引领金融产品销售的风向标了。而要了解互联网运作，就要先了解金融科技的市场群体。据数据统计，目前的理财平台注册用户绝大部分为年轻群体，“80 后”“90 后”的用户总占比将近 80%，成为互联网理财的绝对主力。由于他们对理财的灵活性、稳定性以及安全性的追求程度较高，因此所选择的理财渠道也大多为风险较低、收益稳定、操作便捷的金融科技平台。

如何服务好精准用户，拉取新用户，发展潜在用户，给用户提供好的用户体验，为用户为企业创造价值，正是企业发展的目标所在。就拿流行的第三方支付平台支付宝来说，它因高效的支付、转账、充值等业务而分流了很多潜在客户。企业不仅要做到学他人之长补己之短，更要抢占金融科技的制高点，投入更多的精力进行金融改革，这样才能在科技金融的滚滚洪流中巍然屹立。

二、通用能力

1. 金融与互联网复合能力

同时具备金融和互联网双重知识储备的复合型人才最受市场欢迎，或者有金融机构、互联网其中一种从业经验，还有广博的专业知识，具有多种能力和发展潜能的复合型人才也深受市场欢迎。金融科技从业者既要有极大的抗压能力，又能对金融市场有了解、有洞察、有见地。IT 与金融二者的复合，跨度较大，实现较艰难，从单一方面过来的，未必能精通另一方面。而金融科技从业者要想有足够的发展高度，就必须填平这种金融思维和技术实现之间的沟壑。倘若你对 IT 实现和金融都能精通，势必会成为各大公司争抢的对象。

2. 资源整合协调能力

多年工作经历，会让你积累一定的人脉，而人脉的意义是，你可以作为社交网络的一个节点，连接另外多个原本并无联系的节点，将资源优化配置到合适的地方，而你可以居中收取中间业务收入。资源整合协调是一项重要的能力，且无法通过书本学习获得，是核心竞争力之一。

3. 对市场高度敏感

金融行业跟国家政策息息相关，从业人员要对金融政策有高度敏感性，要实时关注最新的市场走向，以及国家最新发布的一些金融管控规定。金融科技的快速发展也要求从业人员对这个瞬息万变的市场有着高度的关注。只有在熟悉市场、了解市场之后，才能对未来的业务市场作出更为精准的预估和判断。机会永远留给有准备的人，市场也一样。

4. 风险管理能力

由于互联网和金融行业的融合，金融行业产生了包括 P2P 在内的诸多金融产品新形态，这对金融行业来说是挑战也是机遇，金融行业的机会越来越多，对金融风险的管控也会越来越重要。金融业是高风险行业，再加上很多法律法规和责任追究的制约，金融从业人员就必须具备规避风险的能力。规避风险就是要求从业人员运用自己的才智，运用自己的市场分析能力，运用自己的规范操作来避开风险，使风险不降临到金融机构上，不降临到自己头上。说得简单一点就是需要提高警惕，有一定的自我保护意识。

三、专业技能

针对产品、运营、研发等不同岗位有不同的专业技能要求。

1. 数据分析人员

作为金融科技公司核心部门的员工，掌握金融学、数据挖掘、数据统计分析等专业知识是最基本的要求。除此之外，数据分析人员还需要熟知行业信息及相关竞品，能够从用户使用流程方面进行竞品分析并推动产品迭代；同时还需要有用户分析能力，能够通过用户行为分层及用户画像研究，对用户拉新、盘活、留存等方面提出可行性建议。

2. 产品经理

对于产品经理岗位，公司更看重敏锐性、逻辑思维和执行力，还要求产品经理具有优秀的产品分析能力、创新的设计思路、缜密的逻辑分析能力。优秀的沟通能力也能帮助解决跨部门之间的协作，推动产品的研发上线和优化迭代，确保研发整体进度。

3. 研发人员

对于研发人员公司较关注开发能力和协作能力。计算机专业的艰辛是有目共睹的，所以除了专业知识技能之外，研发人员还要有良好的心态和一定的抗压能力。抗压是金融科技从业人员的一个必备的基本素养。

4. 运营人员

(1) 要熟悉金融科技运营之道，不放过任何一个推广宣传的机会。

(2) 秉持为用户说话、为用户负责的态度，努力实现让金融产品安全又方便地持续发展下去。

(3) 熟悉行业的现状和趋势，了解各种推广方式，利用一切可利用资源做好多媒体营销。

(4) 要有高度的团队合作精神和工作热情，紧密配合其他部门，制定合理方案，完成运营职责。

(5) 能够将自己的企业文化、自己的社会责任通过媒体进行有效的传播，增加老百姓对金融型企业的信任感。

5. 营销人员

营销人员作为金融科技公司不可或缺的一环，最好有渠道管理经验和银行工作经验，还需要通过独立市场调研，比较和筛选市场营销方案，整合资源，把握住市场时机。其实不论什么职位，都需要具备商业敏感性与市场敏锐度，并且有快速学习思考能力和抗压能力。

课堂研讨

分析金融科技营销岗和运营岗的区别。

拓展训练

请自行在招聘软件上搜寻相关岗位招聘信息，并分析招聘岗位的职位要求。

拓展阅读

金融科技人才最受青睐

来源：证券日报　　发布日期：2021-02-27

随着近几年金融科技的迅速发展和不断受到重视，传统银行向科技赋能金融机构的转型也已成为主流趋势，复合型科技人才无疑成为各金融机构抢夺的“香饽饽”。

从 2020 年银行的秋季校招和 2021 年初的春招情况来看，银行对于金融科技类人才求贤若渴，除了总行对金融科技人才青睐有加之外，其旗下金融科技子公司也在广招“贤才”。从规模来看，国有六大行较之前也有明显提升。从 2020 年公开的招聘信息来看，工商银行、建设银行、中国银行、农业银行以及交通银行 2020 年秋招计划招聘总计超 6 万人，且 2020 年秋季校园招聘较往年提前。

记者注意到，2021 年春招不少银行对求职者专业不再局限于金融、经济学等专业。如江苏银行对总行 FinTech 管培生的专业要求为计算机科学与技术、软件工程、电子信息与通信、信息管理、机械工程、控制科学与工程、物联网工程、金融工程、数学、大数据、人工智能等 IT 相关专业；对分行、子公司专业要求则为经济学、法学、理学、工学、管理学、计算机等各类专业。

除校招之外，也有不少银行展开了春季社招。比如农业银行数据中心与研发中心发布的 2021 年社招启事中显示，研发中心开放岗位主要针对软件研发类、前沿技术类、技术管理类、信息安全类等方向。而数据中心 2021 年社招岗均为信息技术工程师岗，包括资深、高级信息技术工程师岗。再比如中信银行，该行大数据中心发布了众多社招岗位，包括 IT 系统开发岗、数据挖掘岗、数据增长产品经理等众多计算机运维岗位。

中国邮储银行研究员娄飞鹏表示，银行偏好科技类和理工类专业人才，一是为了更好地服务实体经济的需要。科技创新在未来经济发展中将发挥更大的作用，银行业在服务实体经济过程中需要以增加对科技的理解为基础，更好地研判行业发展趋势，做好风险管理。二是银行对提高自身运营效率的需要。金融科技发展趋势明显，银行业提升自身运营效率也需要强化科技投入，通过科技手段提升运营效率，这都需要科技人才的加入。

中国社科院金融所银行研究室主任李广子在接受采访时表示，银行业本来就属于技术密集型行业，银行的运营需要有先进的科技系统作为支撑，对技术人才的需求一直比较高。近年来银行对复合型人才的重视与金融科技的蓬勃发展不无关系，大量新技术被用于对传统业务流程、产品和业务模式等进行改造，需要大量的科技人才作为支撑。这种趋势在未来一段时期将会持续。从总体趋势上看，银行对科技人才的需求会有一个边界，金融等方面的人才仍是银行的基础，未来不同银行对科技人才的需求会因为自身的业务特点而存在差异。（记者李文 见习记者余俊毅）

参考文献

[1] 白阳，陈寂."e 租宝"非法集资案真相调查 [EB/OL].[2016-02-01]. 检察日报 .https://www.spp.gov.cn/zdgz/201602/t20160201_111982.shtml.

[2] 欧阳静淼，吴丽思，高雪宁，等 . 从牌照演进看美国金融科技企业监管发展趋势 [EB/OL].[2021-06-23]. 腾讯网 .https://new.qq.com/rain/a/20210623A0A1V400.

[3] 应尚军，张静 . 新形势下的金融科技监管思路——以"监管沙盒"制度框架为视角 [J]. 西南金融，2021(02):25-37.

[4] 黄震,张夏明 . 金融监管科技发展的比较: 中英两国的辨异与趋同 [J]. 经济社会体制比较,2019(6): 43-52.

[5] 徐华龙 . 监管科技发展现状分析与对策建议思考 [J]. 中国金融电脑，2020（2）: 77-82.

[6] 尹振涛，范云朋 . 监管科技（RegTech）的理论基础、实践应用与发展建议 [J]. 财经法学，2019（3）: 92-105.

[7] 国家金融与发展实验室 . 英国金融科技"监管沙盒"制度借鉴与我国现实选择 [EB/OL]. [2019-12-25].https://baijiahao.baidu.com/s?id=1653884253984086645&wfr=spider&for=pc.